U0037270

做個不罵孩子的媽媽

父母一句話·改變孩子的一生

Good mommy

席新 編著

父母一定不能說的話
Chapter 1

這樣的話傷孩子自尊／008
不要侮辱孩子的人格／012
語帶嘲諷會傷了孩子的心／015
不信任就是不尊重孩子／019
別輕易向孩子棄械投降／022
恐嚇、威脅孩子是愚蠢的做法／026
別把孩子比來比去／029
嘮叨只會令人討厭／033
就事論事，莫翻舊帳／036
不要惱怒於孩子的好問／039
尊重孩子的愛好／043
貶低別人，就能教育好自己的孩子嗎？／047
別拿孩子的缺點假作謙虛／050
不必強迫孩子理解父母的心意／053

別當著孩子面議論他人是非／056
父母不欠孩子什麼／059
知識比分數重要／062
不要什麼都替孩子代勞／065
哪有教孩子學壞的道理？／069
讓孩子把話說完／072
不說傷感情的話／075
為孩子留一片屬於他的空間／078
不要給孩子貼標籤／080
做父母的不用太善解人意／083
不要老是小看你的孩子／086
「忙」不是拒絕孩子的理由／089
別給孩子灌輸父母誰好誰壞的思想／093
是否罵得太過頭了？／096
變相體罰要不得／099

父母應該經常說的話
Chapter 2

孩子，媽媽愛你！／104
孩子，你一定行！／107
你的心情我也理解／111
錯了沒關係！／115
孩子，對不起！／118
謝謝你，孩子！／121
你自己選擇／124
假如是你會怎麼做？／127
別哭，告訴媽媽是什麼原因／131
你真棒，孩子！／134
你盡情地玩吧／138
孩子，我們想跟你商量一件事。／141
不要緊，試試看！／145
我們應該心存感激／148

這個問題自己解決／151
有沒有新發現？／155
多交幾個朋友／159
自己管好自己的事／163
勇敢一點／166

父母應該這樣說的話
Chapter 3

讚揚孩子不要過度／170
指出孩子的錯誤要心平氣和／174
孩子失敗時，先表揚後提醒／177
都是孩子的錯嗎？／180
將命令改成建議／183
嚴厲管教孩子要說明理由／186
告訴孩子：你可以失敗／189
不能妥協於孩子的撒潑耍賴／193

對於難回答的問題，也要對孩子有個交代／197
放下父母的架子／200
千萬不要培養孩子的功利心／203
男孩女孩一樣對待／206
不要在孩子面前表現，對老師的不滿／210
孩子動作緩慢，請別催他／213
不要企圖以自己的過去來說服孩子／216
對孩子的說謊行為慎重對待／219
把數落變成稱讚／223
把自己的觀點強加給孩子並不高明／227
孩子吵鬧時，不要發火／231
不要強迫孩子吃東西／235
不要只看結果／239
不要用老眼光看待孩子／242
無視孩子的審美與趣／245

好孩子是什麼標準？／248
真的是為孩子好嗎？／251
如何跟孩子談論死亡／254
教孩子學會愛別人／257
孩子有驕傲的傾向，不要打擊他／260
孩子老是忘帶東西時不要罵他／263
「不」字多用未必好／266
孩子的任務就只是讀書嗎？／270
別要求孩子把事情一次做好／273
如何教導不善言辭或沉默寡言的孩子／276
培養孩子的忍耐力／279
不要欺騙孩子／283

父母一定不能說的話

Chapter 1

這樣的話傷孩子自尊

☹．給我滾！我沒有你這樣的兒子！

☹．你以為你是誰，你可是我養大的啊。

☹．媽媽不要你這種不聽話的孩子，現在馬上給我滾出去！

☹．你簡直一無是處！

☹．你真討厭！

愛你的孩子，首先給他尊嚴

「養個你這樣的孩子，我真是倒了八輩子的楣！」

「你可是我養大的，有本事別讓你老子養著你呀！」

……

父母動怒的時候，往往口無遮攔。認為孩子是自己生的，所以有資格罵，因此很多難聽的話都說得出來。甚至覺得說得越難聽，越能提醒孩子注意。所以他們哪裏想到，許多話是有嚴重後果的，絕對不能說出口。上面列出的，可是禁語中的禁語啊。

一個人最重要的是尊嚴！如果連自尊也能隨便被踐踏，他還算一個獨立的人嗎？孩子雖小，但一樣有生存的權利、做人的尊嚴。忽略孩子的基本權利，這樣的父母是不合格的。

很多父母可能會說：「孩子是我生、我養的，我怎麼不能說他？」沒錯，是你給了孩子生命，給了他生存的保障，但是生他是你自願的，養他是你的責任。孩子不是你的附屬品，也不是你的奴隸，你無權剝奪孩子的尊嚴。

靜下心來想一下，如果你在父母的辱罵中成長，你會是什麼心情？如果你曾經有過被踐踏自尊的痛苦，那麼不要再把這種痛苦加在你的孩子身上。

自信、自立的基礎是自尊。一個在羞辱中長大的孩子，他的自尊是殘缺的，他的內心是自卑的，將來，他如何有信心面對生活和事業？一個從小失去尊嚴的孩子，長大後會堂堂正正做人，抬起頭來走路嗎？如果不希望你的孩子將來像奴隸一樣，請把自尊還給他！

他是你的孩子，但是你無權傷害

孩子犯了再大的錯，也不必用惡毒和刻薄的言語去責備，好像要一句話置孩子於死地一樣。況且很多時候，並不是孩子的錯，而不過是做父母的自己心情不好，遷怒於孩子。

「你不想想是誰給你飯吃！」

「給我記著，你是老子養大的！」

聽聽這話吧，簡直就是一種「威脅」。孩子聽到，心裏會怎麼想？也許他還沒有「自尊」意識，可是這話會讓他感到自己是個沒用的人，是個累贅，可又無力改變這個現實。這種矛盾的心理會讓孩子惶恐和無所適從。這種情緒壓抑得太久，必定會化為憤怒，總有一天會爆發出來。那時，就不知道會有什麼嚴重的後果了。

有些孩子太小，也許就乖乖順從父母的話，但絕不是認同父母的話，而是因為內心的恐懼，害怕被父母拋棄。在這樣的心理壓力下，孩子很難健康成長。

事實上，撫養未成年的孩子，是父母的責任和義務，父母卻把它當作是一種負擔，當作一種向孩子炫耀和示威的藉口。這種行為很可恥！想想，誰不是由自己的父母撫養成人的？

「滾吧，滾吧，滾得越遠越好！」

這句話也是很多父母的「口頭禪」。一不順心，就讓孩子「滾」。如此簡單一個字，你想想，有多少侮辱、蔑視和嘲諷的成分？對於一個孩子來說，這樣的責罵不是太過分了嗎？

有些孩子比較黏人，有時喜歡賴著父母。這個時候家長不耐煩了，就會一把推開孩子說：「你知不知道，你很討厭！」你不願意陪著孩子玩也就罷了，為什麼還要說這樣的話來傷害他的自尊心？這會令孩子因為父母厭惡自己而憂慮。他未必知道父母討厭自己什麼，也不懂分析父母只是不喜歡他黏人這個行為，並非討厭他。如果父母不加以解釋，就會在孩子心裏留下陰影。

小孩子往往依靠父母來知道自己是什麼樣的人，能成為什麼樣的人，從父母那裏獲得對於人和人生的認識，所以給孩子信心和信賴，非常地重要。可是父母們卻經常說許多貶損和否定的話，而從來意識不到它的傷害和嚴重後果，這是多麼讓人擔憂啊！

如果你希望你的孩子將來有出息，那就謹慎自己的言辭吧。貶損的話，一句也別說。時刻記住：孩子是你的，但是你無權傷害。

不要侮辱孩子的人格

☹．你真的很沒用，你到底能做什麼啊？
☹．天天都把衣服弄這麼髒，看看你，跟個乞丐一樣。
☹．你將來就只配給人家洗盤子吧！
☹．你是豬嗎？

即便是父母，也無權侮辱孩子的人格

「你簡直一點用都沒有！」
「笨得跟豬一樣！」

家長氣極的時候這樣的話容易脫口而出。孩子是自己的，大人覺得有權罵，而且口不擇言，有時故意說惡毒的話來解氣。

這樣的父母，真得好好反省一下。

孩子再怎麼錯，也不至於要否定和侮辱他的人格。是的，也許孩子還沒有人格意識，但是他會為這樣的話感到屈辱，會覺得自己的心靈被刺傷了。這樣的傷痕也許一留就是一輩子。

孩子做了錯事，就事論事已經能夠教育他，為何要牽扯到人格尊嚴上去？難道你罵孩子「跟豬一樣笨」，他以後就可以變聰明了？既然對孩子有害無益，又何必說些不中聽的話來傷他的心？

樹活一張皮，人活一張臉。孩子雖小，他也是人，有自尊心，希望獲得肯定與讚揚，不喜歡被罵。孩子來到這個世上，就表明他是個獨立的個體，他的人格神聖不可侵犯。

別讓一句話毀掉了你的孩子

別人侮辱他，取笑他，也許孩子不會當一回事，可是，連自己最依賴的父母都這麼罵，他還能對自己有什麼信心？

有的孩子生性敏感，哪怕是父母說的玩笑話，也當真了。父母說一句「你笨得跟豬一樣」或「一點用也沒有」，他可能就會在心裏想：「我真是太笨了，這點事都做不好。」「唉，我怎麼這麼沒用呢？」所謂「說者無心，聽者有意」，父母的話對孩子具有強烈的暗示作用。

說「笨得跟豬一樣」，就相當於告訴孩子「你已經笨到極點」，暗含有「無可救藥」

的意思。而「你一點用也沒有」這樣的話更是把孩子所有的能力都否定了。經常說類似的話，孩子會逐漸地對自己失去信心，無法正確認識自身的能力。這都是不利於孩子成長的。在今後的生活中，面對機會時，他可能因為沒自信，還沒開始嘗試，就主動退縮了。

有的孩子自尊心很強，老是被父母這樣罵，他可能因為人格的傷害而記恨父母。發展下去，可能出現性格缺陷。等他長大了，對自尊與人格的過分敏感，很容易讓他發怒而做出一些偏激的行為。

要是你真的愛孩子，就應該把這些帶侮辱性的字眼從自己的話語裏清除乾淨。

語帶嘲諷會傷了孩子的心

☹．老是心不在焉，說不定哪天腦袋也會忘了帶回家！

☹．真是豬腦袋，連老師規定的作業都記不清楚。

☹．哎呀，竟然主動念起書來了，真是太陽打西邊出來了。

☹．喲，考了滿分，可真是讓人吃驚啊。

嘲諷是惡毒的武器

有這樣一個奇怪的現象：那些平時口才不怎麼樣的父母，一旦挖苦起孩子來，可真是非常有天賦。

「今天主動來幫忙啊，是吹的什麼風啊！」

「同一件事你到底要我重覆多少次才能做得好？你是聾了嗎？」

「你可真聰明呀，十道算術題就有九道算錯了！」

聽聽這些話吧。本來只需說聲「謝謝你的幫忙」、「我只說一次，你要聽好」和「算錯了沒關係，重新來」就可以了，但是有些父母偏要語帶譏諷，把話說得酸溜溜的。

這麼做的父母沒有意識到，這種話對孩子來說，就是一種人身攻擊。用這樣尖酸刻薄甚至冷酷無情的語言來傷害孩子，它不是一種「惡毒的武器」是什麼？它傳達出的訊息就是對孩子的不信任，對他取得的成績的蔑視，對他的人格的侮辱。它就像一把利劍深深扎進孩子幼小的心靈裏。

家長或許不知道這種由語言帶來的傷害，比起皮肉上的痛楚，造成的後果要更為嚴重。因為無法一眼就看到內在的傷痕，我們往往忽視語言帶來的傷害，尤其是用嘲諷這樣「惡毒的武器」帶來的精神上創傷。哪怕這種語言「攻擊」停止了，傷害仍會在孩子內心繼續存在，像一個巨大的陰影籠罩孩子一生。

你打算傷害孩子到什麼程度？

父母說話的本意並非是想挖苦孩子，但是一開口就忍不住把話說成諷刺意味了。所以會如此，是因為父母往往把孩子當作自己的附屬品，覺得自己有資格說任何話，孩子只有聽著的份；無論說什麼，都是為孩子好。這種自以為是，完全忽略了孩子作為一個獨立個體的自尊和感情。

孩子也是人，他也有自己的感情和尊嚴。被人揶揄，小孩子也會心情沮喪。作為父母，應該以溫和的態度去對待孩子。

有的父母特別喜歡故意嘲笑孩子幼稚，以為這樣可以激勵孩子。比如，四五年級的孩子把簡單的算術題算錯了，做母親的就馬上說：「你是個一年級的學生吧，這樣的題都不會做。」這麼說話的母親應該想想，如果別人批評你做事像個小孩子一樣幼稚，你會是什麼心情。在同樣性質的事情上，你自己都不能忍受，更何況孩子？你既然知道這樣的羞辱傷人的心，為什麼還要將它加之於孩子？

一個小孩子，與大人和大孩子相比，本來就有個子小、力量弱、知識少等不可避免的劣勢。他內心裏有著想成為大人的願望，倘若大人經常嘲笑孩子幼稚，那麼孩子內心的這種「不如大人」的意識會變得強烈，很可能使他真的無法擺脫幼稚。明明一個五年級的孩子，你說他像一年級的學生，那就是說他在退步，孩子的理解往往就是這麼簡單。如果孩子天性敏感，這樣的話更是無形的刀，會深深刺傷孩子的心。在這種情況下，孩子的心理很可能處在幼稚階段徘徊不前。

孩子犯了他這個年齡不應犯的錯，父母最應該做的，就是給予引導和鼓勵。比如說做錯了簡單的算術題，你可以對他說：「這麼簡單的題目都做錯了，自己找找是什麼原因，下次不要再錯了。」你要對他的錯報以平淡的態度，其實，這也的確不是什麼嚴重的問題。要是一開始就否定孩子，那麼他哪裏還會有繼續努力的熱情？父母應該教給孩子為人處事的方法，讓孩子能夠舉一反三。

要是你想讓孩子的潛力得到展現，想讓孩子的才能能夠盡情發揮，那麼，如果孩子有錯，就請你用坦率的態度幫他認識錯誤，改正錯誤；如果孩子進步了，就請你用坦率的讚美言辭鼓勵他繼續努力。把嘲諷一類的字眼統統扔掉吧！

不信任就是不尊重孩子

☹．就你那破鑼嗓子，還想當歌星？做夢吧！
☹．別逞能了，你哪會做這個。
☹．這麼簡單的都不會，看你將來怎麼辦！
☹．小孩子懂什麼，一邊玩去。

你怎麼知道孩子不行？

「奇奇，你將來想去做什麼呀？」爸爸問。
「我要當全國最好的大學校長！」奇奇很認真地回答。
一旁的媽媽冷笑一聲插話了：「就憑你那五科有三科不及格的成績還想當校長？」
奇奇想起這次期末考試的成績，不禁低下了頭。
拿破崙說過一句話：不想當將軍的士兵不是好士兵。世上的事，只要肯努力，就有做到的可能。重要的是，首先你要有這樣的理想。
你能想像得到上面的事例中，媽媽的話會怎樣打擊奇奇的自信心嗎？孩子要當大學校長，跟他現在的成績有必然的關聯嗎？理想和現實，肯定是有一定差距的，但是倘若連個理想也沒有，又何來奮鬥的目標和動力呢？本來應該受到鼓勵的孩子，卻遭到媽媽的一頓搶白，他心裏肯定不是滋味。

孩子的成長是一個發展變化的過程，會出現很多意想不到的改變。用靜止不變的眼光來看待孩子，是很不科學的。作為父母，哪怕你了解孩子的性格、能力、天賦，也沒有資格斷定孩子將來一定能做什麼，一定不能做什麼。

與其打擊孩子的自信，不如給他一份希望。

你就那麼吝嗇對孩子的信任嗎？

通常父母對孩子的不信任，主要表現在這幾個方面：

一是嘲諷孩子的幼稚。經常對孩子說：「小孩子不懂事，瞎攪和什麼？」

二是嘲笑孩子相貌、能力等缺點。如對孩子說：「你個子小，就別做籃球明星的夢了。」

三是打擊孩子對未來所萌生的希望。如開頭舉到的例子。

想想，父母對孩子連這種最基本的信任都沒有，如何能教育好孩子呢？經常被父母如此「打擊」的孩子，又怎麼能夠健康成長？無論什麼年齡的孩子，被父母否定未來，

都會讓他感到難過、沮喪，嚴重的，還可能從此消極下去。

如果父母換一種完全相反的態度，結果就會大不相同了。信任，是一種巨大的力量，它能使人產生強烈的自信心和責任感，充分發揮潛能，克服重重阻力，到達成功的頂點。獲得信任的人，會覺得身後有強大的力量在支撐著自己，雖然是無形的，但卻是精神上的莫大安慰。

同時，信任也是一種尊重。如果你對孩子說「你當然可以的，媽媽相信你」，那麼這就是對他的價值和能力的肯定。雖然他可能還無法意識到這一點，但是他肯定明白自己受到了「重視」。這往往可以激勵孩子為他的目標付諸努力。一旦孩子有了「今後總會有成就」這種希望，他就會產生主動做事情的積極性。

在信任中長大的孩子往往充滿自信，信任的力量正在於讓孩子覺得「我可以」。你每天早上總是不忘提醒孩子帶這帶那，結果他偏偏丟三落四。孩子本來有能力自理，你的嘮叨卻使他失去了自信。

對於孩子來說，父母的一句話，好與壞，都會成為他一生中具有重要意義的話。所以，即使開玩笑，也要避免說有負面影響的話。

別輕易向孩子棄械投降

☹．算了，算了，不過，就只有今天，下不為例。

☹．好了，別哭了，媽媽給你買就是了。

☹．好吧，好吧，這次爸爸帶你去玩，以後不許再這樣耍賴哦。

必須拒絕孩子時絕不「心慈手軟」

童童生長在一個單親家庭。媽媽總覺得孩子沒有父親很可憐，所以他有什麼要求，也盡量滿足。甚至一些無理的要求，能做到的，她也一定做到。童童一直被媽媽寵愛著，也慢慢有了小脾氣。有的事媽媽不答應，他就耍無賴，使小性子。有一次，睡到半夜，孩子忽然醒了，硬是要吃水果。深更半夜的，到哪兒去買水果？母親為難了。她只能安慰孩子：「現在外面沒有賣水果的。咱們再睡一會，天一亮，媽媽就給你去買，啊。」童童仍然不依不饒，哇哇大哭起來。做母親的最後也火了，把孩子狠狠打了一頓。她終於明白自己的溺愛害了孩子，也苦了自己。

很多的父母就是這樣自己給自己製造負擔。

在該拒絕孩子的時候「心慈手軟」，孩子也就在這樣的「妥協」中放任自己，甚至變本加厲。

「下不為例」的話千萬不要說。你給他破例一次，他還會貪心第二次。而父母在孩子面前是最狠不下心的。等到第二次，說不定又一句「下不為例」就過去了，而忘記孩子已經無理要求兩回了。人的欲望是沒有止盡的。讓孩子嘗到了一次甜頭，後面就沒有罷休的時候。人的欲望也是無限擴大的。有了小小的便宜，還不夠，希望有更多的，更好的。家長能滿足孩子到什麼時候呢？一時的心軟，帶來的是無窮的「後患」。有一天孩子要天上的月亮，難道你也替他摘下來？

一些原則性的事情，不能答應，就是不能答應。比如孩子深更半夜要起來玩耍，要吃什麼家裏沒有的東西，你必須讓他明白，無論他怎麼鬧，這個無理的要求就是不能答應。孩子「碰壁」了一次，知道耍賴也沒有用，那麼下次他再也不會如此了。對於過分的要求，沒有「下不為例」可言。

曾經在公共汽車上，看到這樣一番情景：

一位老爺爺抱著兩三歲的孫子，開心地說著話。說著說著，孩子用小手打了爺爺一巴掌，快活地笑了。大概是覺得這樣好玩吧，他打了一巴掌又一巴掌。啪啪聲不斷響起。爺爺的臉都被打紅了。可是他竟半點阻止孩子的意思也沒有。車廂裏很多人都露出鄙夷不屑的神情。

孩子能這樣寵嗎？做爺爺的再疼愛孫子，也用不著如此犧牲自己的臉，讓孩子對自己使用「暴力」吧？家長如果都這樣做孩子的「奴隸」，讓孩子隨便打，只要他高興就好，那麼培養出來的就是一個自私自利的小「暴君」啊！

不要做「好好家長」

「好好家長」的確容易做。自己省心，孩子也高興。說一句「算了算了」「下不為例」，落得輕鬆。不必費很多口舌跟孩子講道理，也不必費盡心思讓他停止哭泣。暫時滿足他的要求，下次不順著他就行了。不少父母總是這麼想，可事到臨頭，又還是犯同樣的毛病。

碰到一些會撒嬌或者平時比較聽話的孩子，父母更是經不起一磨。「媽媽，只有這一次，你就答應我吧。」「爸爸，下次我再也不要了，我保證！」一聽到這樣的話，父母的心立刻就軟下來了。「好好家長」容易做，但是孩子可不是這麼教育的。

父母的妥協與放任，也往往讓孩子做事半途而廢。比如孩子練鋼琴練到一半，就央求媽媽讓他玩一會。本來媽媽不准的，但是經不住孩子軟磨硬泡，只好說：「好吧，好吧，去玩一會，下次不許這樣。」可是有了一次，下次他又故伎重演。最後父母也懶得去管。孩子也許就從此再也不練琴了。

事事順孩子的意，孩子就會認為父母會滿足自己的一切要求，甚至認為父母是在怕自己。於是，他想怎樣便怎樣，父母也半推半就，更讓他有恃無恐。惡性循環下去，你就等著有一天他真正無視你的存在，不把你當一回事吧。趾高氣揚慣了的他，處身社會的時候，也這麼地自私和無理，怎麼能與人合作？

小時候在家裏有父母寵愛，長大了，旁人不再給予他這樣的「關心」，孩子會變得消極、絕望和無助。也可能為了達到目的，而不擇手段。任何一種結果，都不是父母所期望的吧。

恐嚇、威脅孩子是愚蠢的做法

☹．要是再不聽話，就叫警察叔叔把你抓去。

☹．再哭，再哭，媽媽就不要你了。

☹．再哭，讓狼把你叼走！

☹．還敢撒謊，我撕爛你的嘴巴！

☹．走不走，不走我走了！

孩子更需要安全感

記得曾經見過這樣的場面：

一位母親在路邊哄孩子。小孩子不聽勸，拼命地哭。母親說好話，給他東西，都沒有用。最後，母親實在不耐煩了，大聲說：「你還哭不哭？再哭我就走了！」並做出要走的樣子。孩子哭得更凶了。母親二話不說，扭頭就走。孩子見媽媽真的走了，不要他了，慌了神，趕緊追上去，邊哭邊喊：「媽媽，不要扔下我，我不哭了……」

這樣的場面看了很令人心疼的。這位母親的心情可以理解，但是非這樣對孩子不可

嗎？

父母是孩子最依賴的人。孩子從出生起，就對父母有特別的眷戀，同時也有著沒有父母就不能生存的潛在不安感。心理學上管它叫「基礎不安」。不管孩子是否懂事，他的心靈裏，都經常有「爸爸媽媽會不會不要我」這樣的擔憂。在這種心理背景下，還對孩子說「你不聽話，媽媽就不要你了」一類的話，他的潛在不安會加劇，很容易受到大人無法想像的打擊。這種精神上的不安，很可能會讓孩子做出極端的舉動，比如自殺。到這個時候，父母後悔就太遲了。

孩子畢竟是孩子，他有時並不明白父母只是為了哄他而說出恐嚇的話，並非真的不要他或不愛他。作為父母，應該明白，恐嚇和威脅是一種很愚蠢的手段，它不但不能讓孩子變得聽話，反而會傷害孩子的心靈。

孩子需要的是一種安全的環境，包括身邊的和心靈的。

如果不想毀掉孩子，就不要恐嚇他

人都會有恐懼的心理。這種恐懼又分為兩種，一種是自然的本能反應，即對於危險的恐懼。另一種就是神經性的憂慮，即人在沒有遇到危險的情況下產生的一種無端的害怕，可能說不出理由，也可能說出了，在常人看來不足以引起恐懼。小孩子最容易產生這種神經性的恐懼。所以，家長不僅不能恐嚇孩子，以免加深孩子的恐懼，還要以正確的方法教育他，使他不致於產生無謂的恐懼心理。

孩子不聽話時，如果你對他說：「你不聽媽媽的話，就讓妖怪來捉你！」這的確比費心地向他解釋為什麼要聽話，怎麼才算聽話容易得多，可是，它產生的後果卻是許多家長始料未及的。

千萬不要用警察、醫生、老師及其他讓孩子害怕的人去恐嚇他。一個怕警察的孩子，即使他迷路了，他也不會去問警察；一個怕醫生的孩子，生病的時候是不會跟醫生合作的；一個怕老師的孩子，怎麼可能安心聽老師的課？

所以，容易造成孩子精神不安的話，千萬說不得。

孩子的心裏有不安的陰影，重則會萌發出許多的恐懼，並可能最終演變為不幸；輕則無法集中精力學習，性格壓抑。而這些就等於毀掉了一個好孩子。

別把孩子比來比去

☹．你看隔壁的小明，一直都那麼聽話，你怎麼跟人家比啊。
☹．你怎麼不學學你姐姐，整天就知道玩啊玩的。
☹．人家的孩子一回家就復習功課，你就知道玩遊戲！
☹．你就不能像……

為什麼非要把孩子比來比去

明明放學回家，一放下書包就打開電視，因為待會兒有他最喜歡看的卡通。正在準備晚餐的媽媽見孩子回來就顧著看電視，有點生氣，忍不住數落起來：「你就知道看電視！作業做了沒有啊？你看弟弟多聽話，一回來就做功課，做完了還幫我出去買東西。你跟他比比，還像個哥哥的樣子嗎？」「是啊，是啊，什麼都是弟弟好，那當初你幹嘛要生我？」明明生氣地喊起來。他就是不明白，為什麼同樣是媽媽的孩子，弟弟老是受到表揚，而自己總是挨罵呢？難道自己就真的一無是處，真的這麼多餘嗎？媽媽的話真的很傷他的心。

這只是很多例子中的一個。如果你是一位母親，你能理解孩子遭到這種數落時的心情嗎？

家長們罵孩子的時候，最容易拿孩子和其他的孩子作比較。

「你弟弟比你聽話多了。」

「人家怎麼能考滿分，不是一樣在聽課嗎？」

當孩子被這樣罵的時候，他也知道父母說的是事實，無力反駁和辯解，所以往往會感到氣餒，對自己喪失信心。尤其是在一個家庭中，當一個孩子被作為另一個孩子的標準時，時間一長，被比下去的孩子就會不自覺地把自己排除在這個家庭之外，認為自己是「多餘的」，是「沒用的」，甚至認為父母不愛自己了。他們很有可能產生這樣的心理：

「唉，反正我不管做什麼都比不上弟弟。」

「看來，我在這個家裏完全是多餘的，媽媽根本不喜歡我。」

孩子一旦產生了這樣的想法，自卑感會越來越重，會越來越沒有鬥志和熱情。也許他本來可以成為一個很有出息的孩子，但是因為這種自卑，長大後自暴自棄，一無所成。所以說父母一句話能影響孩子的一生，並不是危言聳聽啊。

孩子犯了錯，父母批評可以，但是千萬慎用言語，千萬不要把一個孩子作為衡量另一個孩子的標準。家長自己也有過童年，難道你們小時候就喜歡聽這種話嗎？每個孩子都有獨特的個性，如果他完全像另外一個孩子，他就不是他了。

把這種比較性的責罵變為一次就事論事的教導，不是更好嗎？

每個孩子都是一塊璞玉

不管你是父親還是母親，不要老是羨慕別的孩子又聽話，又聰明。每個孩子都是一塊尚未雕琢的璞玉，都有成為人才的可能性。而這塊玉是放出光芒，還是失去光彩，就得看父母如何教育了。一句話可以造就一個人，也可以毀掉一個人。

每個人都不一樣，哪怕是親兄弟姐妹，也會存在性格、能力、天賦等許多方面的差異。你的孩子可能在一個方面比不上人家的孩子，但是在另一個方面卻遠遠強於別人的的孩子。而你，發現了孩子比別人強的這個方面了嗎？比如，你的孩子雖然愛玩一點，但是天性善良，富有愛心，懂禮貌；也許腦子沒那麼靈活，但是很上進，很努力，很正直；也許不善於交際，但是很細心，很獨立。既然如此，為什麼要抓住孩子的缺點不放，而不對他的優點加以讚揚和鼓勵呢？

而且，大人眼中的這種好與壞，是比較主觀和單純的。孩子的能力會以很多種方式表現出來，做父母的可否明白了這之間的差別呢？對孩子沒有全面而準確地了解就下結論，這是非常愚蠢的。對於孩子來說，也是不公正的。

許多父母都喜歡憑學習成績來評價和比較孩子。成績優異的，給以讚揚和獎勵；成績差的，不是責罵，就是嘲笑。要知道，成績往往只能代表智力，而不能證明孩子的品格、性情及其他潛在的能力。它只能當作評價孩子的一項指標而已。如果你的孩子成績沒其他的孩子好，你可以對他說：「雖然你現在成績沒他好，但是你很努力，努力了就會獲得好成績。」你的側重點在鼓勵，而不是比較，效果就完全不同了。

孩子畢竟很小，他的自我意識比較模糊，父母的意見和評價對他來說有時就是「真理」。作為父母，不管你是出自多麼「良好」的動機，都不要以比較的方式來「激勵」孩子。它在傷害孩子自尊和自信的同時，也讓你失去了孩子對你的尊重與信任。

嘮叨只會令人討厭

☹．去讀書，聽到沒有！今天你已經玩了很久了，從上午開始玩到現在，總該花點心思在功課上吧。還坐在那裏不動，我說的話你到底聽到沒有啊？你到底去不去？還不去是吧？……

☹．媽媽說的話你總是不聽，現在吃到苦頭了吧？以後看你還不聽話！喂，我說的你到底聽進去沒有？你要是再不聽，下次只會吃更大的苦頭。到時候可別怪媽媽沒提醒你……

老調重彈起不了作用

人們對於自己擁有的、隨時可聽可看的東西，常常缺乏熱情的關注，並逐漸把它忽略掉。也就是說，對於不是唯一的東西，人們往往不會重視和珍惜。

那麼你可以想想，如果在孩子的耳邊老是重覆同樣一句話，會產生什麼樣的後果。物以稀為貴。相信說話也是這個道理。

常有母親抱怨：「我家孩子老是不聽話，真讓人操心。同樣的事要說幾遍才聽得進去。」究竟是孩子不聽話，還是「同樣的事要說幾遍」，孩子才不聽話？既然那些話隨時都能聽到父母講，今天沒注意，明天還可以再聽，當然也就心不在焉了。

還有的母親發牢騷說：「我那孩子，不管你說多少遍，他根本理都不理，跟沒聽見似的。」做母親的不覺得自己很多時候跟個破答錄機似的在孩子耳邊嘮叨同一個問題，他不煩才怪呢。任誰也受不了呀！

老調重彈，反反覆覆說同樣的話，會讓人產生一種習慣性的模糊聽覺，也就是明明在聽，卻根本沒到心裏去。這是長期重覆聽同樣的聲音而產生的一種心理上的不在乎。所以，做父母的，不要老是只怪孩子不聽話，也該靜下心來想想，自己是否真的太嘮叨了。

重要的話只說一次

老調重彈到最後就導致一種惡性循環：父母太嘮叨，孩子不願意聽；因為孩子不聽，父母就不停地說。而說的越多，孩子越討厭。

於是，就出現這樣的情況：有時孩子看起來好像是在認真地聽，但是你會發現他根本什麼都沒聽進去；有時聽進去了，但是很快就忘了；就算沒有忘，也懶得按照吩咐去做。因為不重視嘛，就不當一回事。

說起來，這事也的確夠惱人的。但是，既然已經發現嘮叨不奏效，就應該及時改變「策略」。把要嘮叨的事鄭重嚴肅地告訴孩子，也許會得到意想不到的好效果。

如果要囑咐或提醒孩子做什麼，與其這樣嘮嘮叨叨，累己累人，不如告訴孩子，這樣的話你只說一次。你可以說：「你聽好了，這話媽媽只說一遍。」首先在心理上讓孩子有一種必須重視的意識，那麼他就會集中注意力來聽父母後面要說的話。

比如，你要提醒孩子「吃飯前一定要先洗手」，只需要預先聲明「聽好了，媽媽不說第二遍」，孩子肯定不會心不在焉地聽。

要是你有一些很重要的事需要向孩子交代，那麼最好是找個合適的時機，和孩子面對面坐下來，心平氣和，嚴肅認真地告訴孩子。這樣的態度，會讓孩子覺得這件事非同尋常，是必須重視，必須做好的。

還有，盡量避免自己在工作或者特別忙碌的時候交代孩子什麼事情。你自己對吩咐的事情都是這樣的態度，孩子怎麼可能重視它呢？

孩子的好奇心是很重的，他們喜歡新鮮的東西。所以，做父母的，最好能使用有吸引力的談話方式跟孩子交流。

就事論事，莫翻舊帳

☹·你看，你就是這樣，上次把書丟了，現在連成績單也弄不見了。

☹·說了叫你細心你不聽，去年期末考試就沒考好，現在考得更差！

☹·快說，這幾天你又做了什麼壞事？

翻舊帳就是在揭孩子的傷疤

這是生活中很常見的一幕：

孩子放學回家，剛打開電視，母親的聲音就傳來了：「今天沒作業嗎？明天的功課都預習好了？一回家就知道玩！」孩子聽了，心情煩躁，氣鼓鼓地關掉電視，狠狠把遙控器扔在桌子上。這時，母親可火了：「怎麼了？說一句就不耐煩了？」見孩子不作聲，又接著說：「還跟我扔東西！你忘了上禮拜把你爸爸的眼鏡摔壞了？就是因為這樣不好好放東西。昨天也是，連碗也不知道輕點放，一摔就是好幾個……」

你說，一回家就遭到這樣暴風雨般的斥責，孩子還會有怎樣的好心情？本來不過是為著提醒孩子去寫作業這樣一樁小事，可是做母親的硬是翻舊帳把孩子最近的「惡行」

全數落出來了。不僅最初的目的沒達到，反而讓孩子心情沮喪。

再說，母親自己不覺得累嗎？花那麼多心思把孩子犯的錯牢牢記在心上，還一遍遍數落，這需要多少精力呀？有這個精力，還不如多關心一下孩子。

當然，父母這麼做，出發點是好的，為的是提醒孩子，讓他明白自己的不對，以便及時改正。可是這方式實在太糟糕了呀！

對任何人來說，曾經犯的錯，都像傷疤一樣，雖然傷口已經癒合，但是重新被揭開，到底還是會難受，也羞於示人。一遍遍地提起這些「舊帳」，就好比把他的傷口一次次揭開。這種難受的感覺，大人都不願意承受了，更何況是孩子呢？

就算孩子曾經犯錯，那也是過去的事了。既然已經予以寬容了，又為何要在過了很久以後再提起？

到底是在教育孩子，還是在傷害孩子？

父母的責任是教育孩子，引導孩子，教孩子用最好的方法、最好的心態去處理學習和生活中的問題。為什麼老是要像仇人似的牢牢不忘孩子犯的錯呢？你記在心裏也就罷了，為什麼又非得一遍遍翻出來給孩子聽？

家長們別忘了，不犯錯誤的孩子是長不大的。孩子曾經犯了錯，的確不是什麼好事，但是對於孩子的成長而言，這是一種生活體驗，一種經歷，它告訴孩子什麼事是不可以做的。還有一種可能性，父母也許意識不到。三番五次地重提「舊帳」，無形中就是在強調孩子曾經的錯誤，不經意中反而強化了它在孩子心中的記憶，會讓孩子更加難以擺脫。老是提及孩子的錯誤，只會提醒他哪些是不該做的，卻無法告訴他哪些是該做的。孩子本來已經改正了的，被你這麼經常「提醒」，說不定又會再犯。這還是在教育孩子嗎？與其停留在過去，還不如讓孩子朝好的方向努力。

孩子往往也理解不了父母「舊帳重提」的真實用意，他只會認為父母就是在揭他的短，從來沒有真正原諒他犯過的錯；認為家長對他不抱希望和期待。這個時候，很容易產生反叛和報復的心理，再次犯錯。說嚴重一點，這就是把孩子完全推到一個深淵裏，讓他一次次地墮落。

另外，也要考慮到孩子的自尊。批評孩子應該就事論事。父母不提，孩子自己也會記得曾經犯過的類似錯誤。把自尊留給孩子，把自省的空間留給孩子。

犯錯總不是件光榮的事。哪怕只是很小的錯，孩子也不希望老是被提起。父母愛翻舊帳，孩子會對父母敬而遠之，一旦在外面犯了錯，為了避免以後又成為新的一筆「帳」，便會想方設法瞞著家長。你可以想像這會又是多麼嚴重的後果。犯錯加說謊，這樣的孩子絕對會讓你擔更多的心吶。何苦呢？

不要惱怒於孩子的好問

☹・不要老是問這些沒用的問題。
☹・小孩子，問那麼多做什麼？
☹・說了你也不懂，別再問了。
☹・又問為什麼，你有完沒完？
☹・哪兒來的那麼多的「為什麼」？真囉嗦！

能夠提出問題的頭腦，正是有長進的頭腦

先來聽聽一位母親的忠言吧。

「……那天我在做飯，忙得團團轉，就給了孩子一本圖畫書，讓他自己看。孩子才三四歲，特別好奇。隔一會就拿著書來問我這是什麼，那是什麼，為什麼會這樣，為什麼不是那樣。你知道，我當時心情本來不太好，又手忙腳亂的，看他問起來沒完沒了，忍不住生氣了，吼了他一句：『哪兒來的那麼多為什麼！自己想！』自那以後，他再也不問我為什麼了，話也說得少了。常常一個人坐著，一個人玩。我在想，是不是那天把話說重了。現在真的很後悔。要是能多一點耐心，就不會是這個樣子了。……」

很多父母都是這樣，知道後悔時或許已經遲了。

孩子對一樣東西產生興趣的源泉就是好奇心。孩子經常問「為什麼」，就證明他的求知欲在升高。這種好奇心每個孩子都有，只是各自程度都不同，這取決於父母對孩子的提問的態度。這個時候，如果大人因為心情不好或者工作忙而對孩子加以敷衍，那麼孩子萌發的求知欲就會受到破壞。

有些孩子腦子活，領悟力好，理解能力強，解決問題快。而有些孩子疑問特別多，喜歡思考問題，愛不停地問問題。一般說來，前一種孩子學習成績好，反應靈敏，討人喜歡，但是後一種孩子也許更能成就一番事業。孩子有疑問，並且很多，那說明他在不斷思考問題。這正是應該給予鼓勵的。

喜歡問「為什麼」的孩子，一般都善於觀察身邊的事物。這也是一種不自覺的能力培養。對於身邊的人和物有敏銳反應力的人才能發現問題，進而解決問題。孩子從小就訓練這種能力，對於將來的成長非常有幫助。

「為什麼」是孩子思維的翅膀，隨著「為什麼」的一次次提出，他們發現問題、分析問題、解決問題的能力便會越來越強。待到他羽翼豐滿之日，必然會飛得更高更遠。

耐心對待孩子的「為什麼」

其實對於孩子的好問，一開始家長是感到高興的。孩子這麼小就善於思考，當然是件好事。問題是，當這種發問變成經常性的、好似沒有終結的事情時，父母就沒有那個耐心去為孩子一一解答了。

也的確是，孩子閒著沒事，有足夠的時間來想問題，而父母為工作為生活整天操心，哪裏有那麼多精力面對孩子的問題？更何況，孩子的問題通常是千奇百怪的，有時根本無法跟他解釋清楚，也難怪父母一急就說出「你還有完沒完」這樣的話。

可是，不能因為疲於應付就這麼斥責孩子，打擊他的好奇心和積極性啊！

如果你實在很累或者很忙，你可以對孩子說：「你提了很多有趣的問題，可是媽媽現在很累（很忙），你先記著這些問題，媽媽明天再回答你，好不好？」記住，你對孩子許諾了，千萬不要食言。對於已經會寫字的孩子，你可以讓他把問題一個個記錄下來，等你有時間了，再一一去給他解釋。

孩子的許多問題，或許很荒謬，或許很天真，要回答起來也確實不簡單。不過，對於他提問這件事本身，是應給予鼓勵和讚揚的，而不能加以指責。能夠當即作答的，一定要告訴孩子。難以回答的，可以和孩子討論，或者給個承諾，答應弄清楚了再告訴孩子。總之要有個交代。注意回答孩子的問題時，切忌對於科學方面的問題胡亂作答。給孩子一個錯誤的答案，還不如告訴他這個問題你也不懂，需要查閱資料以後再告訴他。

孩子愛提問，家長也可以順勢鼓勵孩子動腦筋。即藉著他的問題，讓他作更多更深入的思考。當孩子問你問題時，你可以把問題回擊給他。比如，孩子問：「為什麼我非得去上學呢？」你可以反問：「你想要是不上學，會怎麼樣？」孩子就會去想不上學可能出現什麼情況。父母不用費心地解釋，孩子就可以明白原因，而且他的思維也就能因此而發展開來。

有的父母怕被孩子問，是擔心自己無法回答而丟了面子，失了家長的威嚴。所以一旦孩子來問，就趕緊推托：「媽媽沒空，你去問爸爸吧。」這種做法是非常不可取的。很多時候，孩子並不非要一個確切的答案，他只想獲得一種滿足感，希望自己的提問受到重視。如果父母對他的提問表示出極大的關注，哪怕不能給他一個滿意的答案，他也會覺得很受鼓舞。

父母應該最大限度地回答孩子的問題，千萬不要以「不知道」來搪塞，哪怕是真的不知道，也可以和孩子一起討論，或者去查找資料。如果你對那個問題確實一無所知，也完全可以稱讚孩子一句：「不錯，提的問題把爸爸都難住了。」相信這句話比給他一個準確的答案更令他開心。

尊重孩子的愛好

☹．跟你說了，不要撿那些破爛回來，你又撿回來做什麼？

☹．這些破漫畫書有什麼好看的？你再老是抱著不放，我就都拿去燒了。

☹．從今天起不許畫畫，好好在家給我復習功課！

☹．給我練琴，不許去踢球！

連孩子的樂趣也要剝奪嗎？

美好的童年一定是充滿了童趣的童年。一個孩子能自由自在地擁有自己的愛好，對他來說，是件多麼美好的事情！

可是父母未必就這麼想。他們經常不是干涉孩子的某種愛好，就是把一些他們認為不錯的愛好強加給孩子。愛好，愛好，因為愛，所以才「好」，哪裏有強加給人的道理？真想不通那些干涉孩子樂趣的父母是怎麼想的。

孩子的天真和可愛，在於他有一顆好奇的心，在於他能隨時隨地地找到樂趣。一般來說，孩子們三歲左右就喜歡自己收集「寶物」，什麼小石子、小畫片、瓶蓋、木頭、糖果紙……大人看來都是些廢物，有的甚至髒兮兮的，在孩子眼裏可是珍貴之物。孩子世界裏的很多東西，大人是無法介入的。可是大人們偏偏喜歡做一些很過分的事。

有的家長實在看不過孩子把那些不乾淨的東西收集到家裏來，在制止了幾次孩子不聽以後，乾脆趁孩子不在，偷偷把他的「寶物」都扔掉，並且還惡狠狠地說：「你要再把那些髒東西弄回家來，看我怎麼收拾你！」那些不知花了孩子多少精力和時間收集來的心愛的東西，這麼一下子就全沒了，他該是多麼難過！一個小孩子，只有那麼一點樂趣和愛好，大人卻要如此橫加干涉，不是太霸道了嗎？何況連大人都需要娛樂，需要某種愛好，為什麼偏偏容不得孩子的小樂趣？

倘若是因為嫌孩子收集的東西太髒，你可以和孩子一起把那些「寶貝」清洗乾淨，並讓孩子在碰過它們之後把手洗乾淨。注意衛生是對的，但是沒必要小題大作，為此而不許孩子喜歡它們。

其實，你要留心一下孩子收集的那些「寶貝」，會發現它們哪怕普普通通，簡簡單單，也總有一些特別可愛之處。孩子愛好一樣東西，自然有他的理由。如果做父母的能夠去留意，也許能從中發現孩子的特長與個性。

還有一種父母，喜歡把自己的主觀意向強加給孩子。比如說，自己的孩子明明喜歡畫畫，卻硬逼著孩子練鋼琴，大概是因為覺得練鋼琴比較高雅，或者因為自己喜歡卻不會彈，便讓孩子來彌補自己的遺憾。這簡直就是精神上的暴力！讓孩子去做他不喜歡的事，還叫什麼愛好？

也有的家長是害怕影響孩子學習，才不許孩子有業餘的愛好。「給我乖乖看書啊，不許出去踢球！」聽聽，孩子放學一回家，父母就開始下通牒了。他們並不知道，業餘的愛好對於課業繁重的孩子來說，恰好是一種調節。孩子學習了一天，已經夠累的了，難道還不允許他有點自己的空間，做做自己愛好的事嗎？

干涉孩子愛好的話最好不要說，破壞孩子興趣的事最好不要做。

只有自己喜歡的事，孩子才會全力以赴去把它做好。

請讓孩子保留這點自由權利吧！

幫助孩子培養新的愛好

興趣，是孩子探索外部世界的第一步。他從自己喜愛的事物中去慢慢了解身邊的世界。大人除了尊重孩子的愛好，還可以加以引導。

「孩子，媽媽教你跳支舞怎麼樣？」

「來，我們把這個可愛小狗的樣子畫下來好不好？」

「泥巴太髒了，我們用黏土來捏小動物吧。」

很可能因為你一句話，孩子就喜歡上了某件事物或者把原來的興趣轉移過來了。人們對於強制的東西總是很反感的。這樣帶著商量口氣的話語，給了孩子自己選擇的餘地，不管對於那件事有沒有興趣，他都不會產生排斥情緒。

有一些事物是孩子不易接觸到的，家長完全可以領著孩子去試一試，這也是培養他興趣愛好的一種方式。父母起的是推薦作用，把一種可能成為孩子愛好的事物引導到孩子面前，他選擇與否則由他自己決定。

有時孩子可能有一些不良的嗜好，比如沒有節制地玩遊戲、看暴力電視節目，這個時候家長應該慢慢把孩子引導到好的方向去。比如約定時間陪孩子，和孩子一起玩遊戲，但是要求其他時間好好學習。比如推薦一些輕鬆搞笑的片子給孩子，給他一種新的體驗。

貶低別人，就能教育好自己的孩子嗎？

☹・隔壁小強被學校記了過，你要不想像他那麼丟臉的話，就好好念書吧。

☹・跟誰玩不好，非跟他玩，他笨頭笨腦的，看看將來也不會有出息。

批評自己的孩子，何必跟別人過不去？

「你怎麼每次都考得比人家明明差？看他整天沒個正經樣兒，你還輸給他！我都覺得丟臉啊。」東東每回把考試成績拿回家，最怕的就是媽媽說這樣的話。他和明明是好朋友。明明平時比較淘氣，又貪玩，但是成績真的很好，而且總是熱心地幫助東東。媽媽總是在他的面前說明明的壞話，這讓他非常反感，因為他知道他比媽媽更了解明明。

這是個很典型的例子。做父母的在批評、教育自己的孩子時，最喜歡拿別人作比較。有時說話也不講究，根本不考慮是否侮辱了別人，也不管這樣的話會讓孩子產生什麼樣的想法。他們的本意也許不在貶低別人，而是用這種激將法鼓勵孩子努力。也有些父母的確是對別人有偏見，便拿人家當反面的例子來教育自己的孩子。這兩種做法都是非常不可取的。

首先，就算家長不是有意貶低別人，在孩子看來，這也就是在說別人的壞話。就像前面舉的那個例子。媽媽並不知道兩個孩子的友情，說出那樣難聽的話來，不僅讓孩子反感，還傷孩子的心，更不可能讓孩子受到激勵好好學習了。這與家長的本意不是背道而馳嗎？

其次，家長因為自己的成見、個人的好惡而故意貶低別人，這種做法更糟糕。你說這樣的話到底是在教育孩子呢，還是僅僅在發洩個人的不滿？而且這種心態下說出的話往往很不中聽。大人對一個人的看法很容易影響到孩子，尤其是孩子自己對那個人並不了解時。

最重要的一點是，不管是有意還是無意，貶低別人，真的能教育好自己的孩子嗎？能激起一個人鬥志的方法，是從他自身找動力，而不是為他找一個比較的對象。何況孩子並不喜歡大人拿別人和自己作比較。

如果孩子對你的說法並不認同，那麼他會覺得反感；如果孩子認同了你的看法，那麼他也是抱著一種要跟某個人比一比的心態來發憤圖強，而不是要學到真本領，獲取成功。生活或者學習，既不是競賽，也不是賭輸贏，不必要跟別人比。

與其損害別人在孩子心目中的形象，不如從孩子的實際出發來進行教育。孩子怎麼做得不好，該如何努力，這跟他人都沒有關係。他的責任應該自己承擔。總之，貶低別

人的話，父母絕對不能說。

最好不要在孩子面前自毀形象

貶低別人，在孩子看來，就相當於是說別人的壞話。作為父母，你希望自己在孩子心目中是這樣的形象嗎？做人當然應該是堂堂正正的。家長雖然是為了激勵孩子才說這樣的話，卻在無形中讓孩子看到了自己不好的一面。

而且孩子很可能會覺得自己的父母非常地小氣，容不得別人比自己的孩子強。尤其當被貶損的人是孩子的好朋友時，他真的會對家長感到反感和失望。

別拿孩子的缺點假作謙虛

☹．我的這個孩子啊，都已經上小學了，還這麼撒嬌，真是糟糕！
☹．哎呀，哪裏呀，我家孩子也挺笨的呢。
☹．他聽話？你看他在家可真是鬧翻了天。
☹．這孩子別的都好，就是太內向了。

大人之間的人情世故不要影響到孩子

某天，你帶著孩子出門。在路上碰到一個朋友。孩子甜甜地對朋友說了聲「阿姨好」。朋友禁不住摸著孩子的頭說：「這孩子真懂禮貌！」你一聽人家誇讚孩子，趕緊說：「哪裏哪裏，平時不知道多調皮呢。」

這個時候，也許你只是為著客套，隨意說了句謙虛的話。可是孩子會怎麼想呢？他還小，不明白大人之間的人情世故。本來人家誇他，他是很開心的，可是媽媽偏偏要在別人面前說自己的不好，讓自己很沒面子，他心裏會覺得難過，甚至對媽媽產生不滿。

我們中國人向來以謙虛為美德，一聽別人誇獎自己，趕緊說「哪裏哪裏……」。好

吧，對自己這樣無可厚非，反正自己心裏明白那不過是客套。可是，家長們還要把這種謙虛擴及到孩子身上。人家說孩子好，就非給孩子找點缺陷來自謙，絲毫不考慮孩子的感受。

孩子畢竟是孩子，他還不能完全了解大人之間的這種「暗語」。作為大人，應該避免讓孩子捲入其中。假如你的孩子真的值得誇獎，又何不微笑著表示默認呢？對於孩子來說，這也是一種莫大的鼓勵。

拿孩子的缺點假作謙虛會傷害孩子

孩子不懂得什麼社交禮儀，一聽父母當著別人的面說自己功課不好或者頭腦很笨，他往往就信以為真，認為在爸爸媽媽眼裏，他真的是這個樣子。而現在連父母之外的人也知道了，他會覺得很丟臉。你想想，他心裏有多難受？這種無形的傷害又會帶來什麼樣的後果？

僅僅這樣一句話，就可能扼殺孩子堅強的意志。如果他經常聽到父母說「成績很差」「頭腦很笨」這樣的話，會在心裏形成一種潛在的暗示力量，使自己真的陷在其中不能自拔。當一個孩子還不能正確認識他自己的能力時，父母應該給他們鼓勵，而不是拿孩子的缺點來假作謙虛。

做父母的還應明白一點，如果你愛自己的孩子，當別人誇獎他的時候，絕不要自私的拿他的缺點出來向人裝謙虛。哪怕孩子真有這些缺點，也不應該為了顯出自己的禮貌，而拿孩子的缺點「示眾」。

有的家長在外人面前故意講孩子的缺點，以為這樣會讓孩子覺得羞愧而發憤努力。這種想法真的很離譜。記住，鼓勵孩子，是以不傷害孩子的自尊心作為前提的。

當有人誇獎你的孩子時，你何不學學西方人，微笑著向對方說聲「謝謝」呢？或者，只就事論事，淡淡說一句：「這孩子，還可以。」不要借題發揮就行了。

不必強迫孩子理解父母的心意

☹．我究竟是為了誰呀，還不是為了你？你怎麼就不明白媽媽的心意？

☹．難道你不知道媽媽希望你將來是個有出息的人嗎？

☹．爸爸媽媽全都是為你好呀，你怎麼能不體諒父母呢？

你了解孩子的心嗎？

「你為什麼老是這麼不聽話？你知道媽媽為你操了多少心嗎？」

「孩子，我這還不是為你好呀！」

當父母實在對孩子無可奈何的時候，常常會拿出這句話來，想打動孩子。可是父母是否理解孩子的心呢？

孩子到一定的年齡，其實都能懂一些道理，也確實明白有些話父母是為自己好才說的。他們也想做到父母的期望，但是他們畢竟是孩子，淘氣和調皮有時是天性而致。

父母對孩子的愛，孩子不可能沒有一點感覺。他小小的內心，對於這種深切的關愛，是懷著感激之情的。並且對父母有著一定程度的依賴感。只是，作為孩子，他沒有要去表達這種心情的意識。

而父母常常以為孩子不說就是不明白，非要說出「你怎麼就不了解媽媽的苦心呢」這樣的話。孩子被父母批評的時候，心裏也明白自己不好，知道父母說的都是「正義」之言。他沒有反駁的理由，也不想頂嘴。而父母又非要強迫孩子明白自己的心意，這只會讓他感到不知所措。

父母愛孩子，絕對是發自內心的。但是如果把這種愛拿出來炫耀，當作一種壓力加在孩子身上，那麼孩子對於父母的感激之情就會下降了。孩子會覺得，父母要求他理解他們的心意，是在要求對父母的愛予以確認和回報。這種被迫，只會讓孩子產生反抗的心理。

既然你愛孩子，那麼就要尊重孩子的感情。

父母愛孩子是不應求回報的

很多時候，父母對孩子說「你不知道媽媽的心情嗎」這類的話，傳達了這樣一種心理：我為你操了這麼多心，你不理解就是對不起我，所以作為一種回報，你得好好聽話，不讓我失望。

如果這樣，就是對孩子的苛求了。父母對孩子的愛，是自然而然的，心甘情願的。

哪怕是為子女犧牲奉獻，為子女一生操勞，也不該有求回報的心理。父母與孩子之間的愛，本就不應該成為一種功利化的「交易」。

在生活中，我們也能明白，一個人因心有所感而產生的感激之情才是最真誠的，父母去強求一份理解和回報，這種愛的性質就變了。只會讓人覺得反感。

何況，孩子要是能夠理解父母的苦心，他會把這種愛記在心上。父母不說，他也會給予回報的。只是很多時候，孩子能夠明白父母對自己的愛與期待，但在言語和態度上，不一定就會表現出來。他們一再地犯錯，跟是否理解父母的苦心沒有必然的關聯。孩子還這麼小，父母怎麼能夠苛求他完全理解大人的心意呢？

別當著孩子面議論他人是非

☹・「××真不是個東西！」

☹・「那個人，最不講良心了，連他父母都騙。」

☹・「你以後不要跟那種人玩，整天不學好。」

口無遮攔會污染家庭的環境

張女士是一所小學五年級的老師。一個新學年開學的時候，她給孩子們安排座位。一個叫李剛的學生堅持不和另一個叫王文的學生同桌。張老師心想一定是有什麼原因。於是，給他們重新安排了座位。事後，她把李剛單獨叫到辦公室，問他為什麼不肯跟王文同桌。李剛說：「他就住我們樓下。我媽媽說了，他家裏人都不是好東西，他還偷東西呢。我才不要和他同桌！」張老師聽了這番話非常吃驚。她又特意到王文家做了一次家訪。原來王文家比較貧寒，家人有時會揀鄰居們丟棄的物品來用。事實並不是李剛說的那樣。張老師也這才意識到，父母對一個孩子的不良影響真的太可怕了。

相信家長們看到這個事例時也會受到震撼。

一些父母在家裏說話的時候，因為都是自己人，所以沒什麼顧忌。有的家長尤其喜歡在孩子面前批評這個的不是、那個的不好。無形中把一些成見和偏見傳染給了孩子。就像上面那個例子一樣。孩子的心本來是單純的，但是，因為父母給他灌輸了某種思想，他便對自己根本不了解的人也有了看法，甚至歪曲事實。

還有些家長不光議論他人是非，而且說出的話非常難聽，粗話、髒話脫口而出。孩子在成長過程中，接觸最頻繁的人就是父母和老師。在學校裏，老師為人師表，為他們做出榜樣；在家裏，父母更應該「言行師表」，營造一個健康的家庭環境。

父母隨便在孩子面前議論他人是非，也在無形中讓孩子產生一種對他人的敵視甚至仇恨心理。這樣的心態是非常不健康的。將來孩子走上社會，在處理人際關係時，很可能就會遇到麻煩。

在你評價一個人之前最好有充分的了解，不要隨便給別人扣帽子。冤枉一個好人，可是莫大的罪過。父母不再是小孩子了，也應該明白客觀待人的道理。就算他人有什麼是非，也不必當孩子面去批評。何況，孩子自有他的見解，這是他的權利。

教育孩子寬容友善

有人說，孩子是父母的一面鏡子。沒錯，在孩子的身上，我們往往能看出一個家庭的教養。從孩子的言行舉止，隱約能見其父其母的影子。所以說，做家長的，不能忽視你對孩子的影響。也許你不能成名成家，但是，你完全可以在言行、心靈上為孩子做出優秀的示範，而且做到這一點根本不難。

每個人一生中，會跟無數人打交道。而寬容、友善是與人相處的原則之一。孩子應該從小就明白並且學會這一點。這就要靠父母給他做出榜樣了。一個只會挑別人的毛病，整天議論他人是非的母親，是教不出好孩子來的。你自己都一身的缺點，還指望與你朝夕相處的孩子有什麼好修養？雖然一個孩子的成長受很多因素的影響，但是父母永遠都是對他影響最大的人。

有人也許會說，隨著時代環境、思想觀念以及人生境遇的變化，孩子長大後可能會形成與父母不同的價值觀、人生觀，那父母的影響對他也起不了什麼作用啊。沒錯，孩子長大後會形成他自己的一套價值體系、行為準則，但是我們所做的，是教給他一個基本的做人原則和方式，這是他成長的基礎，不可忽視。

別再找什麼藉口了。為孩子做個好榜樣吧，摒棄那些惡言惡行。

父母不欠孩子什麼

☹．孩子，媽媽欠你太多了！
☹．都是我們欠了你呀！
☹．爸爸媽媽平時對你關心不夠，生活上不會虧待你的。

不要讓孩子以為你真的欠他什麼

許多父母都對孩子懷有「愧疚」的心理。不能給孩子衣食無憂的生活，不能給孩子買心愛的玩具，不能帶他到嚮往的地方去旅遊，不能讓孩子覺得滿意，不能陪孩子玩……都把這些歸罪於自己，覺得虧待了孩子而滿懷內疚。

看到孩子稍微吃點苦，就心疼地說：「都是媽媽欠了你！」彷彿孩子受了天大的委屈似的。其實父母憑自己的能力撫養教育孩子，就算盡了家長的義務。父母有怎樣的生活承擔能力，就給予孩子多少，這是很公平的。孩子吃苦的時候，父母或許更苦。家長給予孩子的是與實際生活水準相當的物質條件，只要不是刻意虧待孩子，就不欠孩子任何東西。

有的父母已經習慣了給予，習慣了為孩子無條件地付出。孩子小的時候，父母要細心照顧，供他上學；孩子長大了，還要操心他的工作，有的乾脆連房子都替孩子買好；等到孩子結婚生子了，還要帶孫兒孫女。把孩子當作自己生活的全部，操一輩子的心，還覺得不夠。

父母的義務是要把孩子撫養成人，教育他，並為他提供學習知識的機會，而不是為他包辦一切，不是為孩子鋪好人生所有的道路。你都替孩子做了，他做什麼呢？難道他生下來就是為了享受你給予的一切？再說，父母終歸不能陪孩子一輩子，他總要自己去走人生的路。被「無微不至」照顧慣了的孩子，離開父母以後還能自理、自立嗎？

對於孩子，家長的給予除了義務，就是心甘情願的，沒有誰欠誰的問題。其實，本來孩子是沒有這種意識的，他只知道父母為他做的任何事，都是因為愛他，將來他也會以相同的愛去回報。但是，如果父母經常對他說「我欠了你太多」之類的話，他就會認為父母真的欠了自己。以後只要有什麼不滿意不順心的事，都會推到父母頭上。

該盡的義務父母應該盡到

有一個很奇怪的現象就是，多數家長重視的是物質上的給予，不能有一處落後於

人，生怕孩子吃一點苦。但是，在精神、品德、情感、行為習慣、交際能力、承受能力、生活自立能力等這些很重要的方面，卻常常忽略掉了。

精神意志方面的東西，父母該教而不教，那麼孩子的成長就出現了很多的缺陷，有一些是將來無法彌補的。比如品德、情感，一旦形成，就非常難以改變。

與其給孩子寬裕的物質生活，不如教他一項可以謀生的本領；

與其把孩子護在自己的羽翼下，不如讓他培養出強大的承受能力；

與其替他擔心憂慮，不如教給他一套為人處世的原則和方法。

知識比分數重要

☹・這次考試得了多少分？排第幾名？

☹・怎麼又考得這麼差？

除了分數就不能問點別的？

在學校裏，老師看重的是分數；回到家裏，父母問得最多的也是分數；親朋好友來了，問的還是分數。成績好的孩子，倒覺得沒什麼；成績差一點的，簡直就是無處藏身。

是啊，孩子們也不明白：為什麼從來只問分數？

「最近考試了沒有？考了多少分？」

「這次考試在班上第幾名啊？」

有的父母也許並不是在意分數，而是以這種方式來表示對孩子的關心。誰知卻弄巧成拙了。在孩子聽來，它只會讓人感到厭煩。張口考試，閉口分數，聽得耳朵都快長繭了。就不能換點別的東西問？

你可以換個方法，問問他考試的題目難不難，有些什麼題目。要是考國文，可以和孩子討論討論作文；要是考英語，可以讓他講講試卷上有趣的故事。也可以打聽一下他最近學到什麼新知識，班上發生了什麼新鮮事，學習有沒有碰到困難，是如何解決的。甚至可以跟他討論學習中的某個問題，既幫助他思考，又能從側面了解他的學習情況。

如果你實在想知道孩子的成績，可以直接對孩子說：「讓媽媽看看你的試卷，可以嗎？」你的溫和平靜的語氣，會消除孩子的顧慮。只是，不管你看到孩子的成績如何，都不要毫不客氣地責罵他。你陪著他，幫他找出錯誤，分析原因，這才是一位好母親應該做的。

僅僅問分數和名次，就好像是例行公事，這樣的語氣和態度只會讓孩子覺得你除了看重表面的分數以外，對分數背後的學習過程和艱苦努力漠不關心。

分數不是衡量孩子能力的唯一標準

考試是檢驗孩子學習情況的一種手段，它是比較單一的一項檢測。基本上是對孩子學到的書本知識的抽查。

分數永遠只是個形式，是一個非常抽象的東西。它不能證明孩子真正學到了多少知識，也不能證明一個孩子的品格與所有才能。它不是衡量孩子聰明與否的唯一標準。

分數並不能完全真實地反映一個孩子的能力。有很多孩子平時學習特別好，各方面能力也不錯，但是一考試就考砸了。還有一些孩子，平時小測驗沒問題，但是到了升學考試這樣的關鍵時刻，就表現失常。這就是一個心理因素問題，考試怯場，就無法發揮自己的正常水準。

另外，隨著大家對分數的越來越重視，許多學生學會了弄虛作假，並且「發明」了無數種手段在考試時作弊。這樣的招數有時連老師都瞞過去了，更別說家長。對於這種作弊得來的分數和名次，父母們又作何感想呢？你還打算兩隻眼睛只盯著分數嗎？

現在社會上，有很多人並沒有很高的文憑，但是他們一樣有所成就。不是說知識不重要，而是說，我們不能忽略了孩子的全面的發展。除了分數，他解決問題的能力、品德修養和性情習慣，都會影響孩子一生。

僅僅憑一個分數就來判斷孩子是否聰明，那只能說你是個目光短淺的家長。

當然了，也不能完全地把分數拋在一邊。父母要學會通過分數判斷孩子學習的情況。如果他考得特別不好，你要和他一起分析原因，而不是一見分數太低就加以責罵。如果他考得好，也應拿出試卷，就某些問題和他討論，以鞏固他所學的東西。

不要什麼都替孩子代勞

☹．別動，讓媽媽來做。

☹．來，爸爸幫你穿衣服。

☹．我這就去給你買早點。

☹．書包給媽媽背。

你要為孩子代勞到何時？

某所小學的門口一到下午放學時間，就聚集了一大群家長，都是來接自己的孩子的。有的是父母，有的是爺爺奶奶。等到孩子一出來，家長們都紛紛替孩子摘下書包，自己背著。所以，你可以經常看到，那些步履蹣跚的老爺爺，替活蹦亂跳的孫子背著沉重的書包，走得氣喘吁吁。這種情形在很多地方都能見到。

「書包那麼沉，會壓壞孩子的。」

「孩子上了一天課挺累的，替他背書包，是想讓他輕鬆一下。」

這就是家長們的理由。說來說去，都是家長的主觀意志，一則是對孩子保護得過分，二則也是不相信孩子的能力，以為他經不得一「壓」，受不得一點累。退一步說，就算孩子體質真的這麼弱，家長又能代勞到何時呢？原本孱弱的身體，不加鍛鍊，只會變得更加虛弱。

如果你覺得書包對於孩子的確太重了，可以替他拿一部分的書，幫他減輕一點負擔，但是他能夠承受的，一定不要代勞。實際上，孩子每天上課用的書本，根本就不會太重。作為父母，怕孩子累著的話，應該告訴他，每天上學只帶必需的東西。

生活中，你還會發現，有不少孩子連鞋帶都不會繫。因為每天早上都是爸爸媽媽替他穿鞋子的。還有很多孩子不會洗衣服，扣子掉了自己不知道怎麼縫。甚至洗澡洗頭都需要父母來「幫忙」。

「待在床上，等會媽媽來幫你穿衣服。」

「我這就去給你買早點啊。」

「快點把髒衣服脫下來，媽媽幫你洗。」

我們的父母多麼地無微不至！可是，你要照顧到幾時呢？若是孩子實在太小，有些事做不了，你代勞一下，情有可原。但是，他力所能及的時候，你應該教他如何做好自己的事。

孩子能做的事，父母不要插手

有一句話叫「窮人家的孩子早當家」。當一個孩子沒有人時刻照顧的時候，他也能夠慢慢在生活中摸索出自理的能力。這也證明，孩子並沒有我們父母想像的那麼脆弱和無能。給他鍛鍊自己的機會，他一樣會健康茁壯地成長，而且會成長得更好。

沒有任何人的生存能力是天生的，無一例外都是在生活中不斷嘗試，逐漸培養起來的。生活經驗的積累，是一個人成長所必需的。所以，孩子能做的事，就盡量給他機會，讓他自己去做做看。家長從旁指導就可以了。

替孩子組裝玩具，回答問題，甚至替孩子做作業，這些做法都是在害你的孩子。

誰都知道，大人心甘情願做孩子的「保姆」，只是出於對孩子的愛。愛孩子當然沒錯，可是愛有很多種方式，為什麼偏要選這種有害無益的呢?讓孩子獨立和愛孩子並不矛盾。不要捨不得放手，不要一廂情願地心疼孩子。愛他，才更要他學會自食其力。

不少父母過於逞強，總為自己替孩子清掃了一切「障礙」而暗自得意。但事實卻是，父母過於能幹，培養出的孩子未必能幹。聰明的母親，就要敢於放手讓孩子去嘗試，哪怕他慢一點，笨拙一點。不讓他做，他永遠都不會具備這些能力。

某些時候，不妨故意地保持沉默，適當地退出孩子的生活，這樣孩子才有自由發揮的機會。一些原本在家裏什麼也不做的孩子，一旦到學校過集體生活，就會變得能幹很多。這就是很好的例子。

在孩子成長道路上，不要給孩子設置一個溫柔的陷阱。

哪有教孩子學壞的道理？

☹．他打你，你怎麼不打他？

☹．他搶走你的東西，你不會搶他的呀？

冤冤相報何時了

「媽媽，小強打我。」小可回家向媽媽哭訴。

「就知道哭！他打你，你怎麼不打他？」媽媽怒氣沖沖地回答了這麼一句。

「馬善被人騎，人善被人欺。」在大人的觀念裏，一直有這樣一種意識。覺得身處社會，就不能太老實，否則就只有任人欺負的份。

從來就只有教人好，哪有教人壞的道理？莫非社會競爭越發激烈，父母也與時俱進了？但是再怎麼競爭，也不應教孩子去使用暴力，對別人以牙還牙吧？

首先父母自己的觀念要轉變過來。一個人為人處世，還是應以寬容和善良為本。營造一個和平、安寧的社會環境，需要我們每個人的努力。只有大家都以一顆真誠友愛的心來與人交往，才能形成良好的社會風氣。所謂「退一步，海闊天空」，互相謙讓、寬容，會避免許多的衝突矛盾。難以想像，一個社會，人人都斤斤計較，勾心鬥角，會是怎樣一番情景。真到那個地步，我們還能安心地生活嗎？

老一代人退出歷史舞臺，後面的小輩該上場了。在屬於他們的世界裏，你希望他們有怎樣的生活？如果你不想把仇恨、暴力之類的東西帶到他們的世界，那麼千萬不要說「他打你，你怎麼不打他」這樣的話。要知道，冤冤相報，沒有個盡頭。要是每個父母都這麼教育孩子，天下不亂才怪呢。最後的結果，是誰也別想過安穩日子。

難道你不想給孩子一個美好的未來？

沒錯，這個社會是有暴力存在，有許多不好的現象，但是我們怎能不對這種現象加以制止，反而還教自己的孩子使壞？

別人打了你，你就該去打別人。照這樣說，別人不講理，你也不講理；別人偷你的東西，你也去偷別人的東西；別人佔你的便宜，你也佔別人的便宜……那這個社會會變成什麼樣子？你就給孩子這樣的未來？

沒有父母可以如此教育孩子！

孩子跟人打架，你不問為什麼，不管是非對錯，卻讓他報復別人，以為這樣自己的

孩子才不吃虧。事實果真如此嗎？好吧，你打我，我就得打你。這是一場永無休止的戰爭。不到一人倒下，或者兩敗俱傷，是不會停止的。如果你覺得讓自己的孩子遍體鱗傷就是不吃虧的話，就儘管這樣去教育你的孩子吧！

在一個社會裏，往往是善良和寬容的人才得到人們的尊重與認可。一個兇狠、蠻不講理的人到任何地方都不會受人歡迎。將這種「以牙還牙」的暴力觀念灌輸給孩子，相當於把孩子推到了孤立的境地。他會與身邊的人群格格不入，他沒法好好地處理人際關係，他永遠對人心存戒心，無法正常地跟人交往。這就等於將他人生的道路逼到了一個狹路上。這不是枉費了你當初一片「苦心」嗎？

聰明的父母，會教育自己的孩子永遠做一個正直、善良、寬容、友愛、堅強的人。因為他們知道，這樣的孩子才是可以行走於社會，立足於社會的。孩子的未來，有一半掌握的父母的手中，不要大意了。

讓孩子把話說完

☹・住口！

☹・不用解釋了！

☹・不要再說了！

為什麼不讓孩子把話說完？

這裏先來看一段資料：

一家研究機構對兩千名中小學生做問卷調查，結果顯示，「住口」是孩子們最不願意聽到的父母說的話之一。

「父母讓我們住口，而他們卻整天喋喋不休。」

「為什麼讓我們住口？我們心裏有許多話要跟父母講啊！」

是啊，為什麼父母自己老是嘮叨不停，而不給孩子自由表達的機會？把孩子的嘴巴封起來，然後自己說個不停，這也未免太不公平了。

常常有這樣的情況：父母決定了一件事，孩子持有反對意見，剛說了一兩句，父母

就聽不順耳了，喝令他「住口」。父母老是覺得孩子不懂事，輪不到他們說話。其實，孩子從他自己的角度看問題，往往有獨到的見解，哪怕孩子氣一點，也的確可以啟發父母，彌補父母的決定或認識的不足。

有時是孩子犯了一個小錯，父母憑著自己了解的情況對孩子的行為作出評價，而孩子據理力爭地申辯。這時做父母的氣上加氣，心想：「你犯了錯還狡辯？」於是，對孩子一聲斷喝：「不用解釋了！」你能想像得到孩子這個時候有多委屈嗎？哪怕事後你為冤枉了孩子而向他道歉，但對他的傷害卻已經造成。法庭審問罪犯還給其申訴的機會呢，怎麼做父母的就不能容忍孩子為自己的過失辯解？

父母不讓孩子把話說完，往往是出於這樣幾種心理：

第一，孩子的話說到自己的痛處，讓自己覺得沒面子。所謂童言無忌，孩子總是想到什麼就說什麼，沒什麼忌諱。父母不妨抱著輕鬆的心態聽聽孩子怎麼說，或許自己也能受到啟發。

第二，總認為自己是對的。這樣的父母屬於頑固型，不聽解釋，不聽辯解，老認為孩子是在找藉口。長期如此，孩子就會慢慢習慣了沉默，哪怕是面對冤屈，也緘默不語。一個不會據理力爭的孩子，到社會上才真正要吃虧的。

第三，覺得小孩子不懂事，沒有耐心聽孩子說。其實，孩子的思維比大人簡單得多，往往能從複雜的事情中看到本質的東西。

鼓勵孩子表達自己的意見

孩子也有言論權，他想說話的時候，父母應該給他機會表達。

你會發現，老是被「住口」二字打斷話頭的孩子，慢慢就變得沉默了，他再也懶得跟父母說什麼。這是因為父母的「禁令」讓他覺得自己的意見根本不受重視，說了也是白說。而孩子一旦出現這種情況，他的自我表達能力便會逐漸降低。這對於他的成長和人生都是非常不利的。

而老是聽到「你不用解釋」的孩子，會漸漸習慣了放棄為自己辯解的權利，他會背著很多的冤屈，一個人默默承受。而這樣的重負很可能讓他出現嚴重的心理問題。

所以，你讓孩子發表意見，聽孩子把話說完，不會浪費你多少時間，而且你又多了一個了解孩子的機會。你可以根據孩子說的話進行機會教育他理解有偏差的地方，你可以糾正；他看法片面的時候，你予以補充，孩子的判斷能力和思維能力都能得到提高。

當然，除了在他想說話的時候，讓他盡情說，還要在他沉默的時候鼓勵他說。因為有的孩子根本沒有為自己辯解的意識或者膽量。鼓勵孩子說出心裏的想法、不滿或者委屈，會讓他變得善於思考，自主意識和表達能力增強。

不說傷感情的話

☹．要是沒有孩子該多好啊！

☹．真後悔生了你……

☹．辛辛苦苦把你養大，我圖個什麼？

☹．我已經受夠你了！

孩子的心敏感而容易受傷

孩子的心天生敏感，父母的一個眼神、一個表情、一句話，都能讓他的心靈受到極大的震動。先來看個例子。

楊女士有個活潑可愛的女兒，這孩子天性好玩，有時難免頑皮，玩瘋了會把家裏搞得一團糟。楊女士雖然愛女兒，但是也常常為收拾女兒留下的「爛攤子」而深感疲憊。有一天，她終於忍不住對丈夫抱怨：「要是沒有孩子該多好啊！我整天累死了！」後來，她就發現孩子變得沉默不好動了。她很擔心，以為女兒生病了。便問她怎麼了。女兒似乎很委屈：「媽媽，我乖一點，你就不會不要我了。」楊女士吃了一驚：「媽媽沒有說不要你呀。」「那天你跟爸爸說沒有孩子多好啊，那一定是你不喜歡我了。」女兒噘著小嘴，很難過的樣子。做媽媽的真沒想到，自己隨便一句話，卻讓孩子這麼傷心和憂慮。她心疼地把女兒抱在懷裏說：「媽媽那是說著玩的。爸爸媽媽都很喜歡你！」

對於孩子來說，儘管只是父母的一句隨意的感歎，孩子也會因它而認為自己在父母眼裏是多餘的。這個時候，孩子不但產生了自卑的心理，認為自己沒用，而且感到自己的感情與心靈失去了依靠。經常聽到這樣的抱怨，孩子性格和心理都可能出障礙。

我們可以從孩子的角度來分析一下開篇例句傳達出的意思。

我真後悔生了你＝你讓我失望了，我不想要你＝你很沒用／你很討厭

辛辛苦苦把你養大，我圖個什麼？＝我養你不容易，你還讓我失望＝我的心血白費了

我已經受夠你了＝你很討厭，而且我忍了很久，現在到了極限＝我不想再忍受了＝我不要你了

孩子常常就是用他簡單的「推理」來找出父母的話語中潛藏的意思，即便無中生有，也有他的道理。所以，父母哪怕是真的想抱怨一下，也千萬別讓孩子聽到。當然了，最好不要說。

父母撫養孩子要保持良好的心態

做父母的往往就是這樣，在孩子未出生的時候，想到這個小寶貝就覺得開心。而一旦孩子生下來，整天面對著孩子的屎尿，面對他的哭鬧，又忍不住地要抱怨。其實家長們在生孩子之前就應該對這個「後果」有明白的認識。孩子既已出生，成為你生活的一個重要部分，你就必須盡到為人父母的責任。勞累、辛苦是必須要忍受的。對於這一點，父母一定要有良好的心態。

父母也應該看到，這種辛苦並不會持續很長。等孩子慢慢長大，而且如果你教導有方，他是不會太讓你操心的。父母的辛苦到最後換來孩子盡心真誠的愛。

能夠認識到這些，父母也就可以對自己的辛苦感到坦然了。心態很重要，老是抱怨，你自己傷神，心情煩躁，孩子也受打擊。有抱怨的工夫，還不如想些好的方法來教導孩子。

何況，父母說「後悔生了你」這樣抱怨的話，也只是發一下牢騷，在內心裏仍深愛著孩子。既如此，又何必說出來讓孩子傷心？

為孩子留一片屬於他的空間

☹・不許帶小朋友來家裏玩！

☹・你再帶別人到家裏來，看我怎麼修理你！

孩子有他自己的世界

大人常常拒絕孩子進入他們的世界，而自己卻老是插足孩子的世界。這是一種奇怪的現象。

孩子有他的愛好，他的夥伴，他的玩樂場所，他的樂趣，他的心靈世界，他的認識。哪怕是父母，也很可能無法真正進入他的世界。大人對孩子的世界缺乏認同，並喜歡橫加干涉，看不順眼的就加以制止，這就等於把孩子的世界給破壞了。

小孩子經常喜歡玩辦家家酒的遊戲，你扮爸爸，我當媽媽，還找個人來當寶寶，真是有模有樣。這就是孩子的樂趣，孩子的世界，大人無法真正理解他們的內心，只有孩子自己才能達到默契。我們不得不承認，大人的智商在孩子的世界裏往往是不管用的。

張開雙臂歡迎孩子和他的夥伴

沒錯，孩子自作主張把小朋友帶到家裏來玩，的確會帶來一些麻煩。他們可能會吵吵鬧鬧，不懂得自我約束；可能把家裡弄得一團糟，無法收拾。有時，小孩子們還會不小心打翻東西，碰壞物品。但是，父母應該認識到，孩子把同伴帶回家玩，這正表明他具備一定的交往能力，甚至有一些領導和組織能力。在別人家，他是客人，而在自己家，他是主人，是主角。玩什麼遊戲，怎樣玩，都由他安排。他還有機會向夥伴展示他收藏的寶貝。同時還要招待小客人，還要照顧到每個人的情緒，讓大家都玩得開心。能把這些做好，對於一個孩子來說，也不簡單呢。父母應該保護孩子的這種能力。

如果真害怕小孩子不懂事添麻煩，一開始你就告訴孩子，在他邀請小朋友來家裏玩之前一定要先跟父母講，並提出一些要求，說明注意的事項。你大可以放心，在領著夥伴玩的過程中，他是會很負責的。至於一些小事，比如把家弄亂了，把地弄髒了，都不值得計較。畢竟孩子不是天天都帶著同伴來玩。偶爾收拾一下這「爛攤子」，就當是鍛鍊身體吧。如果是個明智的家長，就該給孩子一片自由的天地，充分理解他的需求，給予應有的、他可以自由把握的時間和空間。在孩子帶著小同伴到家裏來玩的時候，你不妨熱情地招呼他們：「歡迎你們，希望你們玩得開心！」

不要給孩子貼標籤

☹・我就知道你會說謊。

☹・我早就說過你笨。

被貼上標籤的孩子，永遠無法改變

人們總是喜歡按照自己的理解和判斷來認識事物。很多時候，是先對一件事物做主觀認定，然後才去實際接觸，這往往就導致一些偏見和誤會。

父母在教育孩子的時候，常常犯這樣的毛病。喜歡給孩子貼標籤，而且僅僅是憑某一件事就下一個結論。比如，孩子撒了一次謊，就認為「這孩子老愛撒謊」；孩子反應稍微慢了一點，就說「這孩子頭腦太笨」；孩子跟別人打架了，就以為「他一點也不安分」。貼好了標籤，以後管教孩子確實輕鬆多了，按照這個標籤注意他的行為，父母就是抱著這樣的心理，絲毫不管對孩子有什麼影響。

小孩子在成長的過程中，有很大的發展空間，他的性格、行為具有不確定性。哪怕他有什麼缺點，也可以慢慢改正。沒有哪個孩子真正一無是處，他的身上肯定有不少已

存在的或是沒有顯露出來的優點。而家長的眼光只盯著孩子的缺點，老是在這上面作文章，那麼他的缺點永遠無法改正，並且好的一面也會漸漸被掩蓋下去，得不到發展。

有些孩子性格粗野、蠻橫、愛說謊、喜歡打架或者沉默寡言，往往是由於大人事先就給孩子貼標籤造成的。比如當家長老是對別人說「我家孩子太內向了」，那麼孩子就更加不好意思，不敢說話了，就算某個時候想說話，一想到自己在別人眼裏已是那樣的形象，就馬上沒了自信。再比如，孩子撒了一次謊，媽媽就給他貼上「愛說謊」的標籤。以後孩子說什麼事稍微誇張一點，媽媽就問：「是不是又說謊了？」或者說：「我就知道你在撒謊。」那麼孩子就會想：既然我說真的你都不信，那跟撒謊又有什麼區別？慢慢地，他很可能真的成為一個愛說謊話的孩子。

給孩子一份期待

家長們必須明白，預設立場，給孩子貼上某些不良習慣的標籤，孩子會由此認為他在大家的心目中已經形成了不可改變的壞形象。

孩子的自我評價能力很低，因而別人對他的看法就成為他認識自己的一面鏡子。所以，父母，與其粗暴地對孩子的某次行為做出以偏概全的論斷，使孩子心理受創傷進而影響行為，不如給他一些好的評價，讓他鼓起勇氣，改正不足。

做父母的必須先拋棄自己對孩子的偏見，學會全面地認識孩子，然後對孩子坦言你的期待。如果你希望孩子不要撒謊，你可以告訴他：「我知道你不是個愛撒謊的孩子……」你對他的這份信任與期待，會激勵他改正缺點，下次絕不犯同樣的錯。

當然了，也不要不切實際地盼望你今天給予期待，明天就可以收到成效。孩子改正不良習慣，是有一個過程的，而且這個過程可能很長，需要你有足夠的耐心。

做父母的不用太善解人意

☹．你說那種果汁呀？是不是想喝？

☹．你是也想要一套那樣的衣服吧？

太善解人意的家長不是好家長

父母與孩子之間有一種天然的默契。尤其是母親與孩子之間。在孩子還是嬰兒的時候，媽媽就能從他的表情、動作、眼神中知道他哪兒不舒服，或者想要什麼。而到了孩子學會說話以後，孩子只要一說：「媽媽……」做母親的就能從他的眼神中知道他想要什麼。這是母親的一種天性，也是偉大母愛的表現，但是，這母愛如果偉大得過頭，對孩子實際是沒有好處的。

一位母親，她的孩子都快五歲了，說話還不能完整清楚地表達，孩子說得最多的就是「這個」、「那個」。每當他需要什麼東西的時候，他都是指著那樣東西對母親說：「媽媽，那個。」為此她很著急，便去諮詢一位兒童心理醫生。醫生問她在孩子學說話的時候，是否只要一表示要什麼，她都替孩子說了。母親點頭說是。醫生便說：「既然你都替他代勞了，他當然不會說話了。」這位母親問可有什麼方法讓孩子學會說話。醫生建議她當孩子有要求時，一定要讓他清楚明白地說出來。

相信父母們能從這個事例中得到啟發。在孩子要說話的時候，如果你都代他說了，那麼他成為一個不會表達的孩子也就不稀奇了。

可是，現實中這樣的父母何其多呀。

孩子一張嘴說：「媽媽，我……」做母親的便立即從他的語氣、神情中明白了他的心思，於是馬上接過話頭：「媽媽知道，你肚子餓了對不對？」、「你是想看那本漫畫書對嗎？」

還有的時候，孩子剛學會說話不久，要表達一個意思，得費老半天的勁，還是表達不清。這時家長往往沒有耐心，忍不住就替孩子說了。自己省心了，卻害了孩子。

表達能力是非常重要的。而且，語言的表達跟孩子的智力發展也有緊密的聯繫。把思想轉換成語言，並且是轉換成能夠讓他人明白的語言，這是一種高度的智慧操作。只有經過長期的操練，這種語言的能力才能不斷完善起來。如果母親總是搶著替孩子表達，看起來是免除了孩子表達的費勁，實際是把他的思考和表達的機會給毀了。長期這樣下去，孩子哪裏還會表達？

多給孩子自己表達的機會

有一些父母就做得很好。明知道孩子要什麼，卻故意裝作不知道，非要孩子明白清楚地表達出來，才向孩子表示自己明白了。比如孩子指著一個玩具看著你，你不要馬上就說：「你是要這個小汽車吧？」而應該先問他：「這是什麼？」他要是回答說「是車車」，你可以再問：「你要什麼？」那麼他就知道，會明白地告訴你：「我要車車。」要是事先孩子並不知道他要的是什麼，你可以先教給他這件物品的名稱，然後進行類似於上面的對話。這樣的次數多了，當他需要一件東西的時候，就會使用這樣的句子了。

總之，無論如何，你要讓孩子把想要說的意思完全完整地表達出來。哪怕多花一點時間和精力，也是值得的。

孩子的記憶力是很強的，尤其是處於模仿的階段的孩子。你教給他的語句，他會記在心裏，等到需要的時候，他會主動地套用格式。另外，要是你希望孩子的思維能力得到更好的發展，可以教孩子對同一個意思，用不同的句子來表達。這是個訓練孩子表達和思考能力的好方法。

不要老是小看你的孩子

☹·別以為你長大了！

☹·你才多大，懂什麼！

☹·別逞能，你做還早呢！

你不願看到孩子的成長嗎？

在父母的眼裏，無論長多大了，孩子永遠是孩子。中國人的觀念裏，就是如此。也許這只是一種愛的表現。但是，我們也不能因為愛而否認事實。

對於正處在青春期的孩子，父母最喜歡說的一句話就是：「別以為你長大了！」或者「你以為你的翅膀硬了？」這個時候的孩子自我意識逐漸增強，對於身邊的人和事，已能夠形成自己的認識和見解。所以，往往不免與父母的意見發生衝突。做父母的，突然有一天發現一向乖順的孩子居然跟自己頂嘴了，居然做出違背自己意願的決定來，驚訝之餘，是莫名的憤怒，心想：孩子怎麼能不聽我的話？他竟敢跟我作對！於是就拿「別以為你長大了」這樣的話來教訓孩子。

不是孩子「以為」，而是他真的長大了。父母不就是希望他快快長大成人，有出息有成就嗎？怎麼到他真的長大的時候，又如此地不安和緊張？如果你希望孩子長大了還躲在你的懷抱裏，需要你保護，那還是別讓他長大好了。

青春期的孩子，經歷著從孩子到成人的轉變。隨著知識和生活閱歷的豐富，他的思想也會相對地發生天翻地覆的變化。他們具備了一定的認識和處理問題的能力，所以遇到事情，總希望能夠以自己的方式來處理。這是一種獨立有主見的表現，父母應該為孩子有這樣的能力而感到高興。這一時期，也是他們學習適應未來社會生活的技能的階段，表現出某些不成熟的想法和行為，是很正常的現象。父母只要在平時適時地給以指導，孩子是能夠獨自去擔當一些事情的。

聰明的父母會一邊為孩子的長大而高興，一邊積極地教給孩子各種生活的經驗與知識。經常地與孩子溝通，找一些時間輕鬆地聊天，把這些生活常識在不經意中傳遞給孩子，相信孩子能夠成長得更快，也更健康。

小看孩子會讓你與孩子更隔閡

孩子其實很討厭父母把他當孩子看。他的內心也經常有不甘示弱的欲望。哪怕是比較小的孩子，也往往希望別人把他當個大人看。上了中學的孩子就更是如此了。他們在學校除了學習課本知識，還能從老師、同學那裏，從報紙、網路、電視等各種媒介中獲取資訊，有時他們知道的東西比父母還要多了。他有理由覺得自己長大了。這個時候父母還用教育小孩子的那一套來對待他，當然令他覺得惱火了。

而且這個時期的孩子，叛逆的心理很強烈。他們可能會因為自己與流行的事物比較貼近而瞧不起自己的父母，覺得父母老土、落後。如果家長還總是拿「別以為你長大了」這句話來教訓他，只會令他厭惡。他會為父母不理解自己而感到難過。一旦他有這種意識，他就會與父母保持距離，要是有什麼事，他可能會告訴朋友、同學，或者老師，但是絕不會先想到家長。到了這個時候，隔閡也就產生了。要想消除它可不是件容易的事。

不論孩子很小，還是已經長大了，做父母的本來就不應老是把他當孩子看。這是一個觀念問題。轉變過來了，父母會發現，孩子很多時候其實是「人小鬼大」啊。

#「忙」不是拒絕孩子的理由

☹．我忙著呢！

☹．媽媽現在忙，以後再說。

真的忙得連聽孩子說句話的時間都沒有嗎？

情景一：

孩子：「媽媽，這道題我不會做……」

母親：「我沒空。問你爸爸去。」

孩子：「爸爸，你能不能教我做這道題。」

父親：「我正忙呢。問你媽去。」

孩子看看爸爸，又看看媽媽，只好無奈地回到自己的房間去了。

情景二：

孩子：「媽媽，你可以陪我玩一會嗎？」

母親：「你沒看我忙著嗎？等會啊。」

孩子聽話地在一旁邊玩邊等，可是一上午過去了，媽媽還沒有要陪他的意思。他只好自己去看電視了。

情景三：

孩子：「媽媽……」

母親：「我沒空，有事明天再說。」

做母親的並未發現，孩子臉上腫了一塊，顯然是被人打的。

情景四：

孩子：「爸，我想和你商量件事。」

父親：「我很忙。有事改天再說。」

孩子：「是件急事，我想現在和你談。」

父親火了：「你的事有我的急嗎？有什麼事自己看著辦吧。」

幾天後。

父親：「誰讓你報文科班的？怎麼不事先告訴我？」

孩子：「是你讓我自己決定的。」

父親啞口無言。

以上的四種情景，大概在很多家庭都上演過。如果「忙」真的能夠作為理由，那麼是否應該怪孩子問題問得不是時候，要求提得不是時候？是否只能怪孩子自己倒楣，沒有找準時機？顯然這個邏輯是不成立的。

母親在家裏，所謂的「忙」也無非就是一些家務事，就算有時是因為工作，也並不就真的忙到連聽孩子說句話的工夫都沒有。有時父母累了，想休息一會，但是又不忍斷然拒絕孩子的要求，只好求救於這個「忙」字了。有時，是實在疲於應付孩子無窮無盡的問題，便找個藉口「逃脫」。

但是，不管是真忙，還是假忙，連幾分鐘的時間都不願意分給孩子，只能說這樣的家長比較自私。換了是鄰居來找你幫忙，也許你立刻就應允了，因為你更在乎自己的形象，希望在人前留個好口碑。如果不是真的忙得實在丟不開，那麼還是請你讓孩子也分享一點你的時間吧。

把你的時間分一點給孩子

一般來說，當一個孩子可以自己玩得很開心的時候，他是不會賴著父母的。而只有當他有問題需要解答，有困難需要幫助，或者感到孤獨時，才會向父母求助。這個時候可以說是他最需要父母關愛的時候。年齡較小的孩子特別是獨生子，他們常希望父母能經常陪伴著自己。更大一點的孩子，則希望父母能成為他們的值得信賴的朋友，當他們有困惑的時候可以從父母那裏求得解答。這是一種正常的心理需求。

可是父母往往意識不到這一點。他們經常在孩子可以獨自玩耍的時候橫加干涉，而在孩子需要的時候漠不關心。並且總是自以為理由充足。

實際上，孩子對父母並沒有太過分的要求。他心裏委屈了，想向你傾訴；他有好消息，想讓你也知道；他一個人太悶，想讓你陪一會兒；他有疑問，想求你幫忙解答……這些要求都不過分，也不會耽誤你太多的時間。你能分出幾分鐘的時間來，或聽他訴說，或分享他的快樂，或陪他玩一會，或幫他解疑答難，既滿足了他的需求，也能讓自己從忙碌的事務中解脫出來，放鬆一下。這不是一舉兩得的事嗎？

退一步說，就算你真的那麼忙，也可以先給孩子承諾，但是記得，承諾一定要兌現。

別給孩子灌輸父母誰好誰壞的思想

☹．是爸爸好，還是媽媽好？
☹．最喜歡爸爸，還是媽媽？

不要教孩子對父母區別看待

孩子過生日。爸爸買了他嚮往已久的玩具手槍。媽媽買了一個大蛋糕，還有一套漂亮的衣服。一家人快樂地吃著蛋糕時，媽媽以開玩笑的語氣問孩子：「你比較喜歡爸爸，還是喜歡媽媽？」孩子有點不好意思，說：「都喜歡。」「可是媽媽給你買的禮物多一些哦。」媽媽旁敲側擊。「那、那……那我還是都喜歡。」孩子想了半天，仍是說了一個誰也不得罪的答案。

家長們很喜歡開這樣的玩笑，多半是逗孩子玩。可是這樣的玩笑，最好還是別開。說得不好聽，這叫無事生非。

在孩子心裏，父母都是他喜歡、需要的，覺得不可缺少的人。父親有父親的好，母親有母親的好，在他心裏是一樣的位置。可是如果老是開這樣的玩笑，孩子就會慢慢不自覺地對父母區別看待。他真的會去比較爸爸媽媽到底哪個更好。而比較的結果，往往就是他離一個人更近，而離另一個人更遠。對於一個家庭來說，這就是一種不正常的現象了。孩子有意識地遠離父親或者母親，最終都會導致家庭的矛盾。

有的家庭裏，本身就存在著父母只有一方跟孩子走得近的情況。可能是因為父親太嚴肅，孩子和母親親近；也可能是因為母親平時很忙，父親照顧他多而喜歡父親。這個時候，和孩子走得近的一方本應該想辦法平衡家庭的這種關係的，如果還問孩子「爸爸好，還是媽媽好」，那就相當於更強化了孩子心裏對父母的不平衡的感情。這樣的家庭關係更危險。

還有一種可能也不能排除。就是夫妻雙方本來有些矛盾，然後又都希望孩子向著自己。於是，老是問這樣的問題來確定自己在孩子心目中的形象。甚至期望藉這樣的方式來讓孩子遠離對方，獨佔孩子。應該說，處在這樣的家庭環境中的孩子是很可憐的。也許他愛爸爸，也愛媽媽，可是，在單獨面對他們的時候，他就被迫不能喜歡另一方。他小小的心靈能夠承受這樣的感情糾葛嗎？而且，不可忽視的是，孩子處在這個夾縫中，會逐漸學會跟誰在一起就說誰好。那麼今後，他很可能成為一個見人說人話，見鬼說鬼話的馬屁精。你難道希望自己的孩子變成這個樣子嗎？不管夫妻間有什麼矛盾，都不應該影響到孩子，更不能把孩子作為解決夫妻矛盾的工具。

營造和諧的家庭氣氛

父母不僅擔當著教育孩子的義務，而且有責任營造良好的家庭環境。這不僅是為孩子成長考慮，也是為自己的生活著想。說得更廣泛一點，家庭和睦了，社會才能和諧。家長對孩子、對自己、對社會，都有責任。

一個家庭的和諧首先取決於夫妻雙方的關係，其次是父母與子女的關係。夫妻雙方互相體諒、包容，互相扶持，這是很重要的。而在面對孩子的時候，父親或者母親，任何一方都應該是平衡器。爸爸和孩子在一起時，可以跟孩子聊聊他媽媽的優點，媽媽和孩子在一起的時候，就跟孩子說說他爸爸如何了不起。這不僅是夫妻雙方的一種互相賞識，也是對孩子有益的教育方式。孩子看到最多的是父母的優點，他更愛父母，並且會效仿他們的優點。這樣的家庭才是和睦幸福的呀！

不管你是父親還是母親，都應該讓孩子明白，在一個家庭中，每個人都是很重要、必不可少的。

是否罵得太過頭了？

☹．你這個忘恩負義的東西！

☹．你這個沒良心的，竟然跟我討價還價！

罵孩子非得用這樣傷人的字眼？

先來看看生活中的一些現象。

一個孩子把自己儲存的零用錢借給媽媽應急。媽媽答應了過幾天一定還給他。可是幾天後，媽媽一忙就把這件事給忘了。有一天，他實在忍不住了，就對媽媽說：「媽媽，你可不可以把我的錢還給我。」媽媽一聽，氣極了，罵道：「你這個忘恩負義的東西，居然跑來跟我要帳！我把你養這麼大，沒少花錢。」「那你說過要還給我的。」孩子還在申辯。「現在沒錢，等有錢了再還給你，行了吧？真是個沒良心的東西！」媽媽嘮叨了幾句，就忙自己的事去了。

爸爸讓孩子去幫他買一包煙，並且給孩子兩塊錢說：「這個給你當路費。」孩子拿著錢，想了一會兒，然後小心翼翼地問：「爸爸，能不能多給一塊錢？」爸爸一聽生氣了：「啊，你小子還跟我討價還價，沒良心的東西！」「可是我想買三根糖葫蘆呀，這樣我們就可以一人吃一根。」孩子委屈地辯駁道。「誰吃你的糖葫蘆！趕快給我買煙去，少囉嗦！」

為什麼因為這麼點事就罵孩子「忘恩負義」，罵他是「沒良心的東西」？這樣的詞罵出來，真的是很傷人。即便是孩子真的有不對，你要罵一兩句，也不必給他扣上這樣嚴重的帽子。何況，很多時候，孩子並沒有錯，只不過是他的做法讓大人不高興罷了。大人氣急敗壞，也不考慮孩子的行為是否有道理，只想拿最狠的話來發洩心中的怒氣。這真是一種很自私的心理。

在家庭教育理論中，一般是不提倡父母罵孩子的，但是，如果孩子的錯實在比較嚴重，還是需要嚴肅地指正他，這種嚴肅是在態度和語氣上，而不是指用惡毒的字眼來罵孩子。這一點是必須明確的。

父母要學會克制自己的情緒

當然了，做父母的也並非故意要去傷害孩子，他們也是因為氣極了才口不擇言。這就是不會控制情緒的結果。

像前面提到的兩個例子，當孩子跟媽媽「要帳」的時候，媽媽之所以很惱怒，是因為她覺得這種「要帳」的行為不應該發生在父母與子女之間，覺得孩子已經享受了父母這麼多付出卻還來要帳，太不可思議了。情緒一下子失去了控制，也就顧不得說出的話過不過分了。其實，出現這樣「意外」的情況時，父母應該警覺一點，如果不是有特別的原因，孩子是不會這麼做的。若能這麼想，父母應該能做到在惱怒的瞬間立即控制住不發作出來，而是先問明白原因。像那位母親，要是弄清楚了孩子要帳只是讓她兌現諾言，也許她就不會說那麼難聽的話了。

一個人隨時控制自己情緒的這種能力，需要慢慢培養出來。

父母在和孩子相處時，最好不要抱著「孩子怎麼能不罵」的觀點。有了這個前提，一旦孩子犯了什麼錯，家長的反應就不是罵他，那麼也就不會有激烈的情緒和惡毒的話語出現了。

說到底，這是家長的心態和教育方式、教育觀念的問題。情緒跟人的心態和觀念有非常密切的關係。一個本著「不罵孩子」的原則來教導孩子的母親，她是不會動不動就對孩子發火的。

家長們要知道，少動怒，多和孩子溝通，這對全家人都有好處。

變相體罰要不得

☹・又做錯事！今天的晚飯別吃了！

☹・不做完作業，不許睡覺！

並不只有打孩子才是體罰

是的，現在許多父母都不再對孩子動用「武力」了。他們自己也知道，打孩子，除了讓他更討厭父母，根本起不了期望達到的效果。從動手又動口到只動口不動手，是否就說明家長進步了呢？值得懷疑。

人們總以為打孩子才叫「體罰」，實際上，很多時候語言不僅對心靈造成傷害，也一樣是一種變相的身體傷害。

舉個例子你就明白了。

某天父親對孩子發火把話說重了，孩子忍不住回敬了一句：「你不配當我爸爸！」做父親的聽到這句話非常生氣，堅持讓他為這句話道歉。孩子不肯。父親於是就下了最後通牒：「你要是不認錯，就別吃晚飯！」這種時候，家長都是說到做到。如果孩子堅決不肯「屈服」，那麼他鐵定了會挨一頓餓。

家長沒有動孩子一根手指頭，可是依然讓孩子的身心受到傷害。這樣的變相體罰父母們還要用到什麼時候？不要以為只要你不打他，他就不會有什麼傷痛。語言的傷害往往比武力的傷害深得多。本書裏很多的觀點都可以佐證這個道理。

好的方法才能教育出好的孩子

像「你不道歉就別吃飯」這樣的話，是萬萬說不得的。因為道歉和吃飯並沒有必然的關聯，家長這麼強硬地把二者聯繫起來，會讓孩子以為，做錯了事連吃飯都要受到限制，或者吃飯才是目的，而道歉只是一個條件。這樣主次、輕重都被顛倒了，還如何用以教育孩子？實際上，只要跟孩子講明做錯了事就要道歉的道理，孩子是能夠理解和接受的。他要是拒不這麼做，那很可能就是做父母的冤枉了他。

還有的父母經常對孩子說這樣的話：「不做完作業，不許睡覺！」這麼說來，孩子的學習比健康更重要了？如果連基本的身體健康都不能保證，還拿什麼「本錢」去求學問？何況，正常的睡眠休息，也是孩子的一項權利，父母怎麼能以學習為由而將它剝奪了呢？經常讓孩子熬夜做作業、復習，就等於是在摧殘孩子的身體。這樣的變相懲罰真的很危險。聰明的父母，不是這樣死逼著孩子學，而是跟孩子講道理：「回家先做完了

作業再玩，這樣你可以玩得開心，也不用晚上熬夜了。」同時也要告訴他，做什麼事都不能拖拖拉拉，還要分清主次，把緊要的先完成。這樣簡單的道理，孩子是能夠明白的。

教育孩子是件需要認真對待的事，做父母的不能隨隨便便、馬馬虎虎，更不能圖省事，期望用簡單的辦法快速地解決問題。應該用心一些，不斷尋找最佳的方法。

父母
應該經常
說的話

Chapter 2

孩子，媽媽愛你！

☺．孩子，媽媽愛你！

☺．你這麼可愛，看著你慢慢長大，媽媽好高興。

經常表達愛意能讓孩子覺得舒心和安全

毫無疑問，父母都是愛孩子的，並且以各種方式真誠地關愛著孩子。中國的父母一向習慣於默默地為孩子做很多事，不將愛掛在嘴邊。這除了跟傳統的思想觀念有關，也是因為父母們認識不到把「愛」字說出口的重要性。他們總是認為自己為孩子做了什麼，孩子都能體會得到，就算不說，孩子也能明白父母的一片苦心和愛心。

有人說，愛並不一定要說出口。在情人之間，或許行得通，可是，在父母與孩子之間，「愛」必須很明確地表達出來。

就只是這麼一個字，說出口和藏在心裏，是有很大區別的。情感是很微妙的東西，如果僅僅把它藏在心裏，對方就不能真正準確地感受得到，尤其是孩子，有時他甚至不確定你是否有這樣的情感。這時，就需要你明白地告訴孩子，你是如此地愛他。

「寶貝，媽媽非常愛你！」

「小傢伙，爸爸愛你！」

這樣的話往往讓一些父母羞於啟齒，他們還不習慣這樣與孩子對話。在他們看來，這樣的話顯得矯情、肉麻、做作，甚至多餘。都是一家人，還老說愛不愛的，有必要嗎？如果你真這麼想，那就錯了。正因為是一家人，才要讓對方明白自己的愛。這是家人相處的基調，有它才有生活的和諧。

孩子在幼年的時候是特別依賴父母的，只有待在父母身邊，他們才覺得舒心和安全。但是，生活中，父母難免照顧不周，難免責罵孩子。一旦孩子處在這種境地，他就可能懷疑並且害怕爸爸媽媽再也不愛自己了。沒錯，父母為孩子付出了很多，孩子也看得見；但是，父母也有責罵孩子的時候啊。如果你從來不對孩子表達你愛他的心意，他真的會不明白你到底愛不愛他，是真愛他，還是假愛他。

難道一句「孩子，我愛你」就能解除他的擔憂嗎？父母往往對這句話的作用表示懷疑。不用懷疑了。對於一個年幼無知的孩子來說，父母的話往往是最可信的。何況，當一個母親對孩子說這種話的時候，她的內心也確實充滿了愛子的柔情。就跟嬰兒聽到母親的聲音就安靜下來一樣，孩子聽到父母愛的表達，會全身放鬆下來，並且心情愉悅。

還有些父母平時面對孩子是比較嚴肅的，你不能說他們就不愛孩子。他們有可能比別的父母更愛孩子，只是不喜歡跟孩子嘻嘻哈哈，總覺得應該保持家長的威嚴。這樣的父母，除了讓孩子覺得畏懼，還給了他一種錯覺：你們根本不愛他。所以哪怕是你嚴肅地對孩子說句「媽媽（爸爸）非常愛你」，也會讓他感到心安。

愛是世上最美的語言

有人說，愛是這個世界上最美的語言。它的美就在於，它讓人感到一種精神的安慰與依靠。人都是害怕孤獨的，只有愛，才讓我們覺得身邊有人在陪伴，才讓我們感到溫暖和安全。孩子的心單純無瑕，他更需要來自於他人尤其是父母的關愛。

對於年幼的孩子來說，愛給他的是安全感和滿足感，讓他感到自信。

你真誠地告訴孩子，他是最可愛的，是你最喜歡的，你特別愛他，因為他是你的寶貝。為了不讓父母失望，他會努力去做一個更優秀的孩子。

經常對孩子說「我很愛你」的父母會知道，當對孩子說這句話的時候，孩子總是會回應一句：「媽媽，我也愛你！」也許孩子並不能完全理解愛的含義，但是他肯定懂得，這是一種很美好的情感，是喜歡一個人的表示。這句話在他心中紮下了根，也能讓他懂得以愛回贈別人。

一個心中充滿了愛的孩子，將來定會有豐富美好的心靈和自信寬廣的人生。

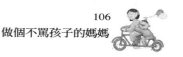

孩子，你一定行！

☺．總有一天你能學好的，媽媽相信你。
☺．只要去做，你一定可以辦到！
☺．好吧，你來試試看，爸爸知道你行。

不要吝嗇你的鼓勵

做父母的，在內心裏都有一個潛在的意識，就是覺得孩子小，做事不放心，對孩子的能力缺乏足夠的信任。也有的父母出於保護孩子的心理，不讓孩子去嘗試做他沒做過的事。一旦孩子提出要求要做什麼，往往回答「你怎麼行」之類的話。

「媽媽，讓我來切菜吧。」

「爸爸，我出去買東西吧。」

有時，孩子會向父母提出這些類似的要求。但是，父母的第一反應往往是表示反對，開口就說：「你太小了，做不了。」因為孩子初次做的事通常難以做好，父母要花許多時間來指導，還要替他們收拾爛攤子。同時，也擔心孩子的安全。這樣想，的確沒錯，但是經常如此，對孩子將產生怎樣的影響，父母有想過嗎？

父母是孩子最信賴的人，他們的話能造就一個孩子，也能毀掉一個孩子。這已經不是什麼新鮮道理了。試想，當孩子想做一件事的時候，父母總是說「你不行的」、「你做不好」這類的話，孩子本來潛在的能力或許就從此被遏制了，永遠無法發揮出來。到最後，孩子自己很可能產生這樣的錯覺：「我真沒用，什麼都做不了。」長期下去，他會慢慢對事物失去興趣，那個時候，也許就真的「什麼也不會做」了。

還要注意，孩子的好奇心永遠都是難以想像的。有時，他得不到父母的允許，會自己偷偷地去做想做的事，這比在父母的指導下去嘗試更危險。

你希望你的孩子最後成為一個什麼事都不敢做，甚至畏首畏尾的人嗎？

如果不，那麼就別吝嗇你的鼓勵和賞識。

教育理論上，有一種賞識教育。父母可以把它運用到日常生活中來。這樣的話應該經常說：

「孩子，你行的，媽媽相信你。」

「好吧，爸爸讓你來，你可以做好的。」

在孩子要求做某事的時候，不妨給他機會去嘗試。當然了，也許某些事對孩子來說有一定的危險，但是，只要父母事先告訴孩子做事的步驟、技巧和注意事項，並在一旁靜靜觀察，不會有事的。這個過程中，父母最好是保持冷靜，並且做個絕對的「局外人」。一切讓孩子自己動手、動腦。這是個鍛鍊孩子的好機會，結果如何並不重要。所以，你也不要在孩子沒做好事情時，給他潑冷水，說「我就說過你做不了」這樣的話。明智的做法是幫他找原因，鼓勵他重做一遍。

你可以看到，孩子在一次次的嘗試和努力中，的確能學到不少東西，他處理事情的能力也得到了提高。這便是你對孩子不吝鼓勵的結果。

賞識和信任，是激發孩子興趣的一個很有效的方式，也是讓孩子潛能得到發揮的契機。你試試就知道，這不是一句空話。

對孩子的賞識要發自內心

很顯然，並不只是對孩子說句「你行」就算是對孩子的賞識。賞識是一種建立在對孩子的性格、能力完全了解的基礎之上的看法。說得簡單些，它是發自內心的，而不是裝出來的。

你是否在心裏拿自己的孩子和別的孩子比較過，遺憾於孩子的短處，而對他的長處視而不見？

你是否在嘴上說著「你行」的時候，心裏卻還是很不情願讓孩子嘗試去做他想做的事？

你是否在孩子嘗試做一件事的時候，一邊說「你能做好」，一邊忍不住地伸手幫忙？如果是，那麼只能說，這種賞識是你討好孩子的一種手段，而不是真心實意地要讓孩子學到什麼東西。

怎麼才叫發自內心的賞識？就是你對孩子說「你行」的時候。

永遠學不會對孩子放手的父母，不僅自己累，還讓孩子失去了很多的鍛鍊機會。

你的心情我也理解

☺．爸爸也是這樣，在你這個年紀也有很多的不安和焦慮。

☺．很不服氣？媽媽理解你的心情，但是現在不是氣的時候。

☺．媽媽明白老師說的話，但是更了解你的心情。

理解孩子，是溝通的第一步

生活中有很多蠻不講理的霸道父母，不了解孩子，也不願意去了解孩子。更可悲的一種是明明不了解孩子，卻自以為了解。可是，一個父母與孩子不作溝通的家庭，往往是危機四伏的。

青春期的孩子自我意識比較強烈了，他們不再像小時候那樣依賴父母，不再把什麼事都講給爸爸媽媽聽。在他們眼裏，父母就只是大人，而沒有意識到父母也是從孩提時代過來的，也有過他們這樣的青春年華，也跟他們一樣有過不安、焦躁和煩惱。他們把父母放在大人的世界裏，把自己放在孩子的世界裏，所以不願意跟父母分享自己的「小秘密」。

青春期的孩子自我意識強烈，情緒波動也大。也許一點點的小事，都能讓他大喜或者大悲。也許有一天，你的孩子突然跟你發牢騷：

「真氣憤，那傢伙有什麼資格那樣說我？」

「可惡！他比我差呢，居然數落我！」

「我肯定不會輸給他的，走著瞧吧！」

也許他針對的是老師，或者朋友，甚至是一個陌生的人，也許只是芝麻大點的事。但是他的確牢騷滿腹，憤憤不平。這個時候，做父母的別急於勸解，最好是先對他的不滿表示理解和共鳴，然後不動聲色，讓孩子把事情經過細細說給你聽，弄清楚問題到底出在哪兒。

比如，你可以說：「是這樣啊？你覺得很不服氣，對吧？媽媽非常理解你那種不甘的心情。」

也許孩子並不能立刻接受你的態度，但是至少在心理上，會獲得暫時的安慰。這是你進入到他的心靈世界的第一步，需要耐心和平靜。孩子認同了你對他的共鳴，那麼後面的問題就比較容易解決了。

有一位母親很善於和孩子溝通。在她讀初二的女兒為一段感情而難過時，她對女兒說了這麼一番話：「我很理解你現在的心情。媽媽跟你一樣，也有過青春期，有過這樣的經歷。而且，比你煩惱得更多，甚至因為不安和焦慮，都快要崩潰了。但最後還是挺過來了呀。只要一步一步向前，沒有什麼障礙是跨越不了的。現在想起那時候，儘管有很多苦惱，但是那的確是一個令人留戀值得回憶的階段。可能現在的你比媽媽當初更糟，但是沒關係呀，你可以把這當作成長的一種體驗。」

也許做女兒的並不會因為母親這麼說就把自己所有的心裏話都說出來，然而在她心裏，母親跟她之間那種大人和孩子的差距已經消除了。這，就已經是一種進步了。理解和溝通，都是需要時間的。父母對孩子要多些耐心。

總之，經常表現出對孩子的理解，父母與子女間的信任和尊重的和諧關係也就能慢慢建立起來了。

理解孩子，應是一種事實而不僅僅是願望

當然了，理解孩子，不能只是一種心願或口頭上的表達。你必須切實地做到這一點。這很關鍵！

對孩子願望上的理解和事實上的理解，是截然不同的。一個孩子逐漸懂事，他的心理也會複雜起來。作為父母，你是否了解孩子的性格、喜好、品德、才能、天賦？是否了解他的學習情況？是否明白你自己在孩子心目中的形象？如果連這些最基本的你都不

清楚，那麼就不要對孩子說：「我了解你……」否則，你表示出的錯誤的理解會讓孩子反感和不屑。

對孩子事實上的了解，實際是對他的心情的一種感同身受。想像你處在他的位置，想像你像他這麼大的時候是什麼樣。你能做到這一點，那才說明，你進入了孩子的世界。

錯了沒關係！

☺．孩子，沒關係，這只是一件小事，媽媽知道是你是無心的。

☺．錯了沒關係，下次別再犯就行了。

人非聖賢，孰能無過

我們想像一下，假如你這個做爸爸的在工作上出了一點差錯，主管對你大發脾氣，把你臭罵一頓，你會是什麼心情？要是主管並沒有過於指責，而是給你機會去改正錯誤，挽回損失，你又會是什麼心情？如果你對此有切身的體會，那麼，請不要為難你的孩子，請你也給孩子一次機會，請你學會對孩子說：「錯了沒關係。」

人一生，不犯錯誤是不可能的。古人早就總結出了這個道理。然而，大人們往往用它來安慰自己，而不肯拿它來原諒孩子。大人的世界和孩子的世界，也有共通的「法則」，為什麼大人們常常偏袒自己，而對孩子那麼苛刻呢？這太不公平了吧？

「我早就說過你做不來的，你看看，現在吃到苦頭了吧？」

「你為什麼老是犯錯誤？就不能聰明一回嗎？」

看看，父母們最會這樣責罵孩子了。一旦孩子犯錯，也不管是什麼原因，怎麼回事，斥責的話就說出口了。孩子難道就願意犯錯誤？其實，父母也知道，在生活中，犯錯誤是件多麼平常的事。只是，他們對孩子的要求太高了。

家長們希望自己的孩子做事穩妥，不犯錯，可是他們又不能接受孩子通過錯誤去積累經驗，訓練能力，而是在一邊潑冷水，甚至說風涼話，使孩子沒有機會獲得新的體驗。

以寬容幫助孩子改正錯誤

寬容錯誤也是一種勇氣。很多的父母之所以沒有這種勇氣，是因為他們擔心寬容會讓孩子繼續錯下去，甚至犯更多的錯。

當然了，凡事肯定有利也有弊。過分的寬容是不可取的，但是在該寬容的時候，我們絕不能過於苛刻。

孩子做錯了事，你一句「錯了沒關係」，會讓他心裏輕鬆很多。父母的寬容會讓孩子心生感激，他會努力去改正錯誤來作為對這種寬容的回報。此時，你也是給了他改過並獲取成功的勇氣。孩子不是木頭，他懂得感情的回報。

不過，僅僅是一句「錯了沒關係」還是不夠的。寬容並不是無條件、無原則的，它

也有個限度。在你諒解了孩子的錯誤時，不要忘了告訴孩子，他為什麼錯了，該如何去改正。你必須讓孩子明白，做錯了事沒有關係，但必須了解犯錯的原因；有了錯不要緊，可是必須及時改正。

也許有的父母會擔心這種寬容會讓孩子無所顧忌而犯更多的錯誤。其實，一個孩子怎麼成長，很大程度上受父母的影響。父母在教育孩子的時候，就應該逐漸地告訴他哪些事是該做的，哪些是不能做的，而不是等孩子犯了錯再來告訴他是非。如果你的孩子在寬容之下犯了更多的錯誤，那就要問你自己是不是教育不當了。

孩子，對不起！

☺．剛才的事是媽媽不對，媽媽向你道歉。

☺．爸爸誤會你了，真對不起！

向孩子道歉不是件丟臉的事

「什麼？讓我們做父母的向孩子道歉？那置家長的威嚴於何處？」

也許看到這個題目，家長們會感到無法接受。

的確，向來我們就沒有長輩向晚輩道歉的傳統。在孩子面前，父母總有不可侵犯的威嚴。可是這種傳統未必就真的那麼理直氣壯。

孩子犯了錯，家長要求他說對不起，為什麼父母錯了，就不能向孩子說對不起呢？這對孩子來說太不公平了！

說起來，根本就是做父母的那種高高在上的心理在作祟，把自己的面子看得比教育孩子更重要，拉不下臉來跟孩子說對不起。「做錯了事要道歉」，小孩子經常這樣被大人教導著。為什麼家長就不能向孩子說聲「對不起」呢？

何況，向孩子道歉，並不是什麼丟臉的事。在孩子面前，父母並不需要做個十全十美的人，事實上也不可能有十全十美的人。犯了錯立即道歉，這是一個人良好的教養的表現。在孩子眼裏，勇於說「對不起」的父母是親近的，他只會更加信任和尊重父母，而不會看輕他們。

反而是那些犯了錯還拼命掩飾的父母，會令孩子覺得反感。不要把孩子當傻瓜，是非對錯，孩子心裏明白得很。至少他懂得犯了錯就要道歉的道理。如果你想在孩子面前保持「威信」，那麼最好不要這樣不講道理。

父母應該以身作則

你希望孩子怎麼做，自己就得那麼做。

某天，你因為心情不好而責罵了孩子，事後覺得很後悔，但是又拉不下臉來道歉，並心存幻想：「孩子那麼小，事情又過去幾天了，也許他早就忘了吧。」這裏要奉勸你，最好不要把孩子當傻瓜。他也許一輩子都記得父母曾經怎樣錯怪了他，而且是那樣蠻不講理。你願意留給孩子這樣的記憶嗎？特別是在錯誤非常明顯的時候，你的掩飾、搪塞或者置之不理，會讓孩子覺得你很虛偽。那麼他今後還會信任和尊重你嗎？

其實孩子的心非常寬容，父母錯怪了他，只要說一句「對不起」，他還是一樣敬重和愛著他們。說一句「對不起」，該是一件多麼簡單的事，只要有一顆尊重孩子的心，甚至都不需要過多的解釋。以平等的態度向孩子道歉，這是愛孩子的一種表現，相信孩子一定能體會得到。

做個光明磊落的父親或母親。如果你覺察到自己錯了，那麼就請及時向孩子說聲「對不起」吧！

謝謝你，孩子！

☺．幫我拿一下報紙，謝謝你，孩子。

☺．孩子，謝謝你送媽媽禮物。

父母對子女說「謝謝」並非客套

在中國的大多數家庭裏，並沒有說「謝謝」的習慣。不只是家庭，就是朋友、親戚之間，也總覺得道謝是很見外的事。大家都認為，既然如此親密，用得著那麼客套嗎？沒錯，不習慣說「謝謝」，就是因為我們把它僅僅當作一種客套。尤其在家裏。父母不會這麼說，也不會教育孩子這麼說。他們都把相互之間的給予當作理所當然。

做父母的，還有這麼一種心理：「孩子是我撫養長大的，我給他吃，給他住，給他穿，供他上學，難道在家裏讓他幫忙做點事，還要對他說『謝謝』？」照這個意思，父母養育孩子，所以孩子為父母做什麼都是理所當然的回報。那麼這跟交易有什麼區別？

人和人之間是需要互相體諒，互相存有感激之心的。哪怕是父母和孩子，也不例外。父母給予孩子生命和好的生活，撫養孩子成長，孩子是應該感激他們的。即使父母不說，他的內心也一定潛在著這種感情。那麼，父母也要尊重孩子的所作所為。孩子幫了你的忙，做了一件令你開心的事，你都有理由對他真誠地說聲是「謝謝」！這個時候，在無形中教育了孩子要有一顆感激的心，要對別人的給予表示謝意。有一天，他一定會以同樣深厚的感情，來回報你為他付出的一切。

該說「謝謝」的時候，就應該切實做到。比如你要孩子幫你拿鞋子、遞東西，他的確是幫助了你，你當然得道謝，這是最基本的禮儀。對孩子而言，這也是對他的努力的一種肯定。

父母的感激對他來說是莫大的支持和鼓勵。他從中看到自己的價值與作用，體會到了付出的快樂。這些對孩子的成長來說，都是非常重要的。

經營一個會說「謝謝」的家庭

什麼樣的家庭才是幸福的家庭？

當然是有愛的家庭。

那麼有愛的家庭又是什麼樣子？

無疑，應該就是一個人人都充滿了感激之情的家庭。

可以想像，當一個人從另外一個人那裏獲得了應當的感謝之後，他的心情是愉快

的、充實的，他會不自覺地對別人也給予應該的感激。一個家不正需要這種互相感激的氛圍嗎？幫了忙，你對孩子說聲「謝謝」，不僅讓他覺得很開心，而且也會讓他產生「下次有機會再幫忙」的意願。

父母經常對孩子說「謝謝」，孩子自然也明白感激父母。

也許有人會反駁：「心裏知道就行了，幹嘛非要說出來？」

可是許多事情，你不說，別人怎麼知道你是怎麼想的？

的確，重要的是有一顆感激的心，但是唯有我們時時把這種感激當作習慣，才能培養出如此的一顆心啊。

我們要把「謝謝」說出口，不是為著一種形式，而是需要把它變成一種習慣，當作我們生活中一種習以為常的東西。

說「謝謝」源於我們心中真誠而美好的愛，讓我們隨時都知道，有幸福的生活，是拜很多人所賜。

你自己選擇

☺．你喜歡什麼，自己選吧。

☺．爸爸不干涉你的選擇，但是你自己要慎重。

☺．你自己選，媽媽當參考。

☺．你來決定這件事。

選擇是一種能力

許多的父母喜歡包辦孩子的一切。從生活到學習，甚至到將來的人生方向、婚姻家庭，都要去干涉，該做的做了，不該做的也做了，卻從不考慮孩子的感受。這是一個非常不好的傳統。

一個人，從小到大，會面臨無數的選擇。可是怎樣去做一個決斷，怎樣作出最好的選擇，需要逐漸培養這方面的能力。

選擇是一種綜合能力的表現，作出一項正確的抉擇，需要考慮與之相關的一切因素：有利的，不利的，眼前的，長遠的。它考驗的是一個人的眼光、智慧、魄力與膽

量。一個事事都由父母拿主意的孩子，長大後會有這樣的能力嗎？

把選擇權還給孩子

太多的父母習慣於把「選擇權」牢牢握在自己手中，為孩子「規劃」生活和學習。不是逼著孩子練鋼琴，就是命令孩子學美術，不准這樣，必須那樣，根本不去管孩子喜歡什麼，需要什麼。說得嚴重點，這就是在扼殺孩子的天賦，毀壞孩子的前途。可是家長們往往為自己的英明決斷而沾沾自喜，以為給孩子選了一條將來可以飛黃騰達的道路。

父母的這種「主動」，對孩子的成長其實是很不利的。如果你的選擇是對的，那麼孩子只是坐享其成，他無法從中獲取有益的體驗，無法享受到實現自我價值帶來的愉悅感。如果你的選擇錯了，孩子就失掉了好的機遇，他就會怪你。家長們何苦還要吃力不討好呢？

奉勸這些過於積極的父母一句：如果真想你的孩子有出息，那麼就把選擇的權利逐步交給孩子自己吧。

父母一味替孩子拿主意，最後會是這樣的結果：讓孩子失去了自己的決斷力，變得沒有主見。這樣的孩子在生活中做任何事都會顯得膽小畏縮，只會順從別人的意思，甚至任人擺布。這將影響孩子的一生啊。把自己的要求強加給孩子，是不會帶動起孩子的積極性的，結果只會是什麼目標也達不成。而且父母的這種做法往往會引起孩子的反感，讓他產生反叛心理。

好的父母，既是孩子的朋友，也是孩子的老師。孩子慢慢長大，父母就應慢慢從他的生活中退出來，讓他做主角，學會自己去做決定，運用自己的頭腦和力量。

如果真的一時難以完全放手，可以試著用這樣的方法：在和孩子進行交流的過程中，有意識地為孩子提供一些不會出錯的選擇項，讓他做最終決定。比如，你要孩子培養一種興趣，可以問他：「你是想學畫畫、彈琴，還是書法？」在你允許的範圍內，讓他去選擇。孩子會很高興父母對他的信任、理解與尊重，也會慎重地對待自己的選擇。一次兩次，隨著孩子一天天長大，父母慢慢放手，給孩子越來越大的選擇空間。

當孩子做選擇的時候，希望父母在陳述完自己的意見後，真誠地對孩子說一句「你自己來決定」。

假如是你，你會怎麼做？

☺．媽媽是這樣認為的，你呢？
☺．換了是你，你會怎麼做？

「假如是你，你會怎麼做呢？」

不要小看了這簡單的一句話，也許它能影響到一個孩子的一生。下面的三個觀點，都是從這一句話裏延伸出來的。

孩子的發散思維能力可以慢慢培養

善於思考的大腦才是能夠進步的大腦。一般來說，孩子的好奇心很強，即便父母不作提示，他也會主動去思考令他感到好奇的事物。但是，這種自主性畢竟是有局限的，因為孩子沒有太多的生活經驗和閱歷體會，他的思考往往很單一，不具有發散性。

做父母的完全可以為孩子提供思考的線索或者思路，引導他的思維擴散開來。最簡單的方法，就是常常在特定情景下問孩子：「假如是你，你會怎麼做？」讓孩子展開想像的翅膀。

舉個例子。你的孩子很喜歡看電視。與其強迫孩子不看電視，惹他不高興，還不如趁著這個機會，就某一個情節，問孩子換了是他，他會怎麼做。這個時候，孩子就會把故事當作一個現實的問題來思考，並做出自己的判斷和選擇。在思考的過程中，孩子能在心裏經歷現實中不能經歷的體驗，獲得一種認識或者感悟。這個時候，他已不再是單純地在看電視了，而是在以獨特方式培養思維能力。

很可能你隨意的一句「假如是你，你會怎麼做」，會讓孩子的腦子裏翻騰無數的奇思妙想。

讓孩子學會站在別人的立場上來考慮問題

小孩子犯了錯，往往喜歡把責任往別人身上推，這是一種非常不好的習慣。這麼小就不為自己的過錯負責任，長大了還會有責任感嗎？

當然，孩子自己意識不到這一點，他不過是因為害怕挨打挨罵而撒謊，而讓別人代自己受過。對於推卸責任的孩子，父母要幫助孩子認識到他的做法的利害關係。也不必費太多的口舌，你用上這句「假如是你，你會怎樣」就可以了。

這就是一種換位思考，把孩子置於他人的位置，讓他設身處地地考慮別人的處境。

當孩子想到自己被人這樣冤枉，甚至「陷害」是多麼地氣憤和委屈時，他一定會明白自己的做法是多麼地不對，甚至可恥。

孩子從小就學會冷靜分析別人的立場，將來長大了，他思考問題也就不會片面化和偏激了。

訓練孩子表達自我的能力

有些小孩子經常不能完整或者清楚地表達自己的意見。是因為他們天生笨拙嗎？還有些人到了中學了，仍然一說話就緊張，結結巴巴，這也是他們生來愚鈍嗎？

不是的，只不過是缺乏訓練而已。

你可以發現，那些表達能力差的孩子，要麼是從來就沒有向別人陳述意見的念頭；要麼就是對自己缺乏足夠信心，有想法卻不敢表達，寧願附和別人；要麼就是過於看重別人對自己的看法，緘口不語；再要麼就是心理因素，人一多就緊張，臨時怯場。

其實，這些都是可以通過平時的訓練慢慢克服的。

對於平時不愛表達意見的孩子，父母隨時都可以就某件事提問：「媽媽是這麼看的，你覺得呢？」提醒他思考，引導他表達。對於那些缺乏自信的孩子，可以問他：「換了是你，你怎麼辦？」不論孩子的表達多麼幼稚可笑，父母都要嚴肅對待，千萬不能

別哭，告訴媽媽是什麼原因

☺．到底是怎麼回事，說給我聽聽。

☺．先告訴媽媽，發生了什麼事？

孩子哭泣時，最好的安慰就是聽他傾訴

做父母的，最怕的就是孩子哭。孩子一哭，趕緊安慰：「別哭了，乖。」如果他根本不聽，哭得更厲害，家長立即就不耐煩地呵斥：「哭什麼！不許哭！」很少有家長肯耐心地聽孩子傾訴。

一個朋友講起自己的小時候時，總會提到一件事。

有一天，家裏來了客人。他和哥哥到房間裏去玩。本來玩得好好的，但是因為搶著看一本漫畫書，兩個人打起來。他被哥哥推到地上，漫畫書也給搶走了，忍不住放聲大哭。母親進來把他帶到客廳，拉到自己身邊，溫和地問他：「怎麼回事呀？說給媽媽聽聽。」於是他邊哭邊把事情的經過講了一遍。母親耐心地聽他講完，然後替他擦乾眼淚說：「兄弟倆應該互相謙讓，漫畫書讓哥哥看完你再看吧。他有不對，媽媽再找他談。」

「你不知道，當時我還以為母親要大罵我們一頓呢。因為我看到父親在一邊已經要發火了。之後很多年我都記得這件事，覺得母親很寬容、很理解我們，允許我們訴說委屈。現在我也這樣教育我的孩子。」說起當年的事，朋友仍然感慨不已。

孩子哭鬧，多半是受了委屈或者某種欲望得不到滿足。作為家長，只說一句「不許哭」「哭也沒用」來強行禁止孩子哭泣，是非常不負責任，也是沒有效果的。他既已心裏不滿，你卻還要不問緣由地斥責，不是讓他更難過更委屈嗎？

無論如何，你必須得先弄清楚孩子哭泣的原因。那麼最好的方式就是聽他慢慢訴說。並不需要很多附加的安慰，做父母的只要用一雙耳朵去聽就夠了。

心理學上，有一種「淨化」原理，很值得借鑒到家庭教育中來。當一個人受到委屈或者某種欲望得不到滿足而無法發洩時，心中的怨氣和不滿會越積越多，一旦爆發，不一定會出現什麼樣的後果。但是，如果給他機會傾吐不快，他便能委屈盡釋，也不再堅持滿足原來的要求。這時父母要做的，不是對孩子的行為作出分析和判斷，而僅僅是做一個聽眾，幫助孩子敞開心靈，發出怨氣。

這種方式，能夠讓孩子慢慢平靜，讓他從難過的事情中走出來。他在講述事情經過的過程中，也能夠認識到自己行為的是非對錯。太小的孩子也許對自身沒有足夠清醒的認識，但是能讓他說出心裏話，就是替他解了心結，哪怕自己的要求得不到滿足，他也

不會一直記在心裏。

孩子哭是很經常的事，如果你希望孩子健康快樂地成長，那麼就請在這個時候對他說一句：「告訴媽媽是怎麼回事。」

孩子哭泣只是撒嬌時另當別論

與一見孩子哭就呵斥的父母相反，還有一些家長，一聽到孩子哭就心疼得不得了，趕緊把孩子抱在懷裏，百般哄勸、安慰，甚至為了止住孩子哭泣而滿足他的一些無理要求。似乎孩子受了天大的委屈，只有如此才可以補償。疼愛孩子當然是值得肯定的，但也不能不分情況、不講原則地寵愛。孩子一哭就去哄，會讓孩子產生一種依賴性。

有時，孩子哭，並不一定就是受到委屈或者某種傷害，只不過是為引起注意，撒撒嬌，裝可憐，以此獲取父母的愛撫、疼愛罷了。也許孩子起先並沒有這種意識，只是偶爾發現只要一哭，父母必定會來哄，於是在以後他就學會了使用這種「伎倆」。

遇到這種情況，還是那一個辦法，不要禁止孩子哭泣，也不要馬上去哄，而是很平靜地讓孩子把哭的原因告訴你。哪怕他什麼都不說，也可能因為家長的這種鄭重而停止哭泣。至少，他「騙」不到同情，自己也會覺得沒意思，哭一會就不會再哭了。

總之，不管孩子是因為什麼哭，家長都要有「傾聽孩子心聲」的意識。

你真棒，孩子！

☺．你真能幹，把家裏收拾得這麼乾淨！

☺．這隻小貓畫得真可愛，孩子，你真棒！

適時給予孩子客觀評價

「媽媽，我比賽得了第一名。」歡歡放學一回家，就高興地拿出獎狀和獎品給媽媽看。但是正在看電視的媽媽只是淡淡地說了一句：「哦，很好。」拿著獎狀瞄了一眼，就放在一邊了。本來開開心心的歡歡覺得非常失望，一個人悶悶地回到自己的房間。

我們的父母常常在不需要的時候，給孩子過分的呵護，卻在孩子需要的時候，對他們表示出冷淡。孩子在比賽中得了冠軍，他的努力得到了回報，父母應該替他高興，應該對他的行為給予肯定的評價。而這位媽媽卻如此平淡地打發了孩子高興的心情。孩子會怎麼想呢？他會覺得很失落，覺得媽媽原來這樣地不關心自己。以後再有什麼，也不會去跟媽媽說了。

每個人在生活中，都希望在某個時刻去獲得別人的認同。這是通過別人來認識和肯

定自己的一種方式。孩子也一樣。他甚至更希望別人多關注自己，尤其希望得到爸爸媽媽的肯定和讚揚。

作為父母，應該理解孩子的這種心理。在家裏，父母對孩子漠不關心，甚至不聞不問，都會讓孩子產生孤獨感。他畫了一幅畫，沒人來看；他考了好成績，沒人來理；他洗了一大堆衣服，沒人來誇；他比賽獲獎，沒人祝賀……好像他只是個可有可無的角色，父母根本不注意他。長期下去，他會把自己隱藏起來，與父母離得遠遠的。

適時地給予孩子客觀評價，並不需要費多少時間，也不需要花多少心思。當你看到孩子主動把房間打掃乾淨時，稱讚一句：「真能幹，家裏看起來舒服多了。」當你看到孩子畫了一幅畫的時候，評價一句：「真棒，想像力不錯！」當孩子興高采烈地拿著比原來進步的試卷讓你看，你仔細看一遍，然後對他說：「做得不錯，字寫得也漂亮！」孩子要的，也許並不是一句讚揚的話，他要的只是你的一份重視。在他看來，這就是表明你很關心他。

其實孩子最害怕的是孤獨，是沒人理他，沒人重視他。父母的一份賞識，會讓他覺得很安慰，很受鼓舞。

用欣賞的眼光看孩子

你會用欣賞的眼光來看待孩子嗎？

看待某一樣事物，用不同的眼光，就會得到不同的認識。

對待孩子也如此。經常嘲笑孩子的母親和懂得欣賞孩子的母親，看到的孩子是截然不同的。

說到這裏，想起一個故事：

有位老太太，她有兩個兒子。大兒子是賣雨衣的，二兒子是賣遮陽帽的。每到下雨天的時候，她就替二兒子擔憂，怕他的帽子賣不出去。可一到豔陽高照的日子，她又為大兒子擔憂，怕他的雨衣賣不出去。她整天發愁，後來終於病倒了。有天，有個鄰居對她說：「下雨天的時候，你大兒子雨衣肯定賣得好；出太陽的時候，你二兒子的帽子肯定搶手。不管天氣怎樣，他們都能賺錢，你還愁什麼呢？」老太太一聽，覺著挺有道理，再也不犯愁了，這病也就慢慢好了。

僅僅是轉換一個角度，對事物的認識就大大不同了。

看待孩子，也同此理。當你用賞識的眼光去看他，會發現他許多不一樣的優點。孩

子也許貪玩一點，但是頭腦靈活，能說會道；也許寡言少語，但是成績非常好，而且心地善良；也許有點任性，但是做事很有主見……只要你善於去發現，就一定能看到他身上值得肯定的地方。

不會有哪一個孩子一無是處，也不會有哪一個孩子毫無缺點。父母應該做的，就是善於去發掘孩子的優點，並且給予真誠的讚揚。肯定他的優點，就等於告訴他什麼行為值得保持下去。這是有利於孩子成長的。

有時孩子做事並不是那麼理想，也要給予表揚和肯定。比如，孩子動腦筋做了一件事，可能在你看來，這事太小，不值一提，但是他畢竟付出了努力，你可以誇他一句「你真聰明」。這樣的話有一種暗示作用，是一種間接的鼓勵。他得到了鼓舞，會更加努力，最後會真的變得聰明起來。

你盡情地玩吧

☺．要玩就痛快玩，祝你玩得開心。

☺．盡情玩吧，別怕弄髒了衣服。

孩子玩的時候不是在浪費時間

「去玩吧，別老惦記功課！」

「盡情去玩，不要怕弄髒了衣服！」

要讓父母們真心實意地對孩子講這樣的話，還真是不容易。他們已經習慣了對孩子說：「不許玩了，快去念書！」或者「去玩可以，但是不准把衣服弄髒了。」因為他們覺得這才是理所當然。

孩子小的時候，家長讓他玩，但是這也限制，那也限制。等上了學，更是一切圍繞著功課轉，一切以功課為主，沒有比讀書更重要的事。盡情地玩玩，已成了一種奢望。

孩子不比大人，大人可以透過自己的知識水準、生活經歷等來獲取知識，認識世

界，而孩子除了在學校學習之外，基本是透過玩來獲得各種知識，認識外部世界。

父母之所以嚴格限制孩子玩，是因為他們總認為，孩子玩的時候根本不動腦筋，就只是純粹地在浪費時間。這可真是冤枉了孩子。孩子的好奇心比大人強得多，而且他的知識水準有限，所以玩的時候，他的小腦瓜可是一刻也沒停止過思考呀。

腦子越用越靈活，家長們都知道這個道理。可是又有幾個人知道孩子玩耍正是鍛鍊大腦的最好方法之一呢？在孩子學習了一天之後，讓他自由地去玩，這不僅是給他放鬆的機會，也是讓去接觸書本之外的知識。

其實，父母也能夠發現，孩子在玩的時候才會發現問題，才會特別主動地去思考問題。這種自主性也可以由玩而慢慢轉移到學習上來。

也有的父母不許孩子玩，是覺得他們通常會弄得一身髒兮兮的回家，每天為他洗一堆的髒衣服太累了。但是，母親因此就不給孩子玩的機會嗎？到底是孩子玩得開心盡興重要，還是一身衣服重要？如果母親僅僅是忍受不了洗衣服，那麼這樣的媽媽也太懶了，太吝於付出了。

要是一個孩子在天真爛漫的年齡裏卻整天乖乖待在家裏，死氣沉沉，這個時候倒真值得擔心了。玩是孩子的天性，也是他們的權利。如果你曾經有個美好的童年，為什麼不讓你的孩子也享受那樣的樂趣呢？

塑造一個神采奕奕的孩子

沒有父母不希望自己的孩子神采奕奕、朝氣蓬勃。那麼就放心地把玩的權利交給孩子吧。父母的支持是最好的精神動力。孩子在父母的允許下去玩，心情會完全放鬆。

不要對孩子的玩進行限制或者監視。如果可以，你不妨跟孩子一起玩，找機會略微點撥他，讓孩子在玩樂中發現不同的趣味性，啟發他的好奇心。孩子的主動性並非生來就有，父母應多給孩子創造機會，把他的積極性提振起來。

在學習的時間用功學習，在玩的時間盡情玩。對孩子來說，這是有效的勞逸結合。玩耍的時候，孩子身心放鬆，多半是身體運動，這對於孩子的身體健康也是必不可少的。

那些整天埋頭於功課的孩子，到最後，往往就會成為一個書呆子。不了解外部的世界，沒有玩伴，缺少快樂。沒有父母希望自己的孩子是這個樣子。

孩子本來就該是活力充沛的。讓孩子盡情地享受孩提時代的樂趣，他的天性得以舒展，才可以健康地成長。

孩子，我們想跟你商量一件事。

☺‧這件事爸爸媽媽想聽聽你的意思。

☺‧這是個嚴重的問題，咱們商量一下看怎麼解決好。

孩子也是家庭的重要一員

「你們為什麼都不問問我願意不願意？」當娟子聽說要把自己送到外婆家寄養一年的時候，大哭著質問爸爸媽媽。

「大人決定的事，還要問你同不同意？」爸爸非常生氣。

「是啊，孩子，這事也由不得你，我和你爸爸明年會很忙，沒有時間照顧你。」媽媽也說話了。

「但我也是這個家的人，為什麼你們決定之前都不跟我說一聲？」娟子還是覺得很委屈。

「好了，這事已定了。以後再有什麼事，我們都先跟你商量好嗎？」媽媽打圓場了。

娟子也沒辦法，只得聽從了父母的安排。

不知道這位媽媽說話是否算數，是否等到真有下次的時候，又把孩子完全撇在一邊。

一個家庭，除了父母，還有孩子。可是，父母往往把孩子排斥在外，尤其是決定一些重要的事情時。他們總是認為孩子太小，什麼也不懂。沒錯，生活中純粹的大人之間的事可以暫時不讓孩子知道，可是還有很多事是應該讓孩子也參與討論的，尤其當大人作出有關於孩子的某項決定時。不要以為孩子是你的，你就可以隨便對他作出決定。他年齡雖小，總歸是一個人，他有權知道關於自己的事情。

事實上，只要是家庭的成員，都有權參與家庭事件的討論與決定。它可以營造一種良好的家庭氛圍。哪怕是嬰幼兒，你們討論某件事的時候，也可以讓他待在一邊，就算是個形式也非常重要。對於已經具有一定思維能力的孩子，更不可忽視他在家中的地位了。孩子和父母在家庭裏地位是平等的，都一樣地重要。

舉個例子。好不容易有個假期了，父母商量著去哪兒玩好。這個時候請叫你的孩子吧：「來，孩子，咱們商量一下該去哪兒玩。」相信受到這樣的「邀請」，孩子會非常開心。他在家中的地位得到了肯定，他從父母的重視中感受到了一份尊重，就不再覺得父母高高在上，反而有種親近感。孩子敏感的心會因此而充滿了快樂，他還能提出很有參

考價值的建議呢。

生活中還有許多事，比如家裏經濟緊張了，需要商量如何節約開支；比如要添置一樣家具，需要商量買什麼式樣和價位的；比如想在家裏舉辦個小聚會，商量怎麼辦才有創思……這些事情完全可以讓孩子也參與討論，讓他也貢獻一份「才智」。有時孩子還真能貢獻出一個大人怎麼也想不到的好點子來呢。哪怕他說不出有價值的建議，這種討論本身，對家庭對孩子來說，都是有意義的。

尊重孩子的父母，也會受到孩子的尊重。時常和家長一起商量某件事情的孩子，到了他要做一項決定的時候，也會主動地去跟父母商量，而不是一意孤行。

時刻記得，孩子是家庭重要的一員。許多事情，一定要和孩子商量。

學會與孩子商量，是兩代人溝通的好方法

人和人之間，如果互相不溝通，不交流，是無法相互了解的。而不了解，就會產生隔膜與誤會。父母與孩子也是如此。

代溝問題一直是令孩子與父母都深感頭疼的問題。兩代人之間為什麼會產生一條無法逾越的溝壑？固然有時代觀念的影響，但是也往往是因為父母與子女之間缺乏交流與溝通造成的。父母有父母的價值觀念，孩子有孩子的價值觀念，而且互相不了解，如何

能不產生衝突和矛盾呢？

及時而有效的交流，是避免兩代人產生代溝的有效方法。而實現兩代人的溝通，最好的方式就是時常與孩子商量。一家人坐在一起商量某件事，大人和孩子各自的觀點都被擺出來討論，為了一個共同的目的而不斷修正個人的偏見，最後達成共識。孩子得到了大人的尊重，大人也了解了孩子的思想觀念，和諧的家庭關係也就建立起來了。

長此以往，父母與子女就會了解得越來越多，而且能夠互相約束，剔除不和諧的成分，逐漸形成一致的看法。就算不能達到親密無間的地步，至少兩代人都學會了互相諒解、寬容、認同和尊重，這才是最重要的。

如果你還在抱怨孩子不理解你，老跟你作對，那麼就先想想自己是否理解和尊重孩子吧。

不要緊，試試看！

☺．別害怕，試試看，說不定你能做得很出色呢。

☺．試一試嘛，失敗了不要緊。

多給孩子鍛鍊的機會

現代的父母，習慣了對孩子說「不許……」和「一定要……」，而不善於用「試試看」三個字。也就是說，家長們習慣了用命令的口氣，而不是用鼓勵的方式來教育孩子。非但不鼓勵，而且在孩子主動要求做某事的時候想也不想就一口回絕。其實，這樣的父母非常愚蠢，把鍛鍊孩子的大好機會白白給毀掉了，還嚴重打擊了孩子的積極性。

孩子第一次做某件事情，難免因為擔心失敗而有許多猶豫，這個時候，最需要父母給予鼓勵。你一句「試試看嘛」，會讓他輕鬆不少。至少他明白了，結果好壞並不很重要。那種過於嚴肅與正式的氣氛也因這句話而被打破，孩子的緊張心理也能夠慢慢消除。

鼓勵孩子去嘗試，表現在兩個方面。

一是當孩子要求做某事的時候，只要沒有重大危險，都應該鼓勵孩子去「試試看」。比如，他要求做切菜、煮飯這樣的家務事；比如他主動要求上街買東西；比如他要學騎自行車。

二是孩子沒有主動要求的時候，家長要適時地鼓勵孩子做某事。例如，對膽小的孩子，你可以讓他試著獨自睡一晚上；不愛跟人說話的孩子，你可以讓他幫你打電話；帶著孩子在超市買東西，你可以讓孩子來付款結帳。時時給孩子機會做他沒有做過的事，他的經驗和閱歷就會慢慢豐富起來，對自己也逐漸產生了信心。

同時也要注意兩點。

第一，不要苛求結果。你的目的是讓孩子通過一次嘗試獲得經驗，鍛鍊能力，培養自信。結果只是一個形式，最實質的內容還是在這個過程中孩子是否真正受益。所以，在你鼓勵孩子的時候，不要強調他一定得成功。

第二，不論孩子失敗與否，都要對他的勇於嘗試給予讚揚。孩子在你的鼓勵下去做了某件事，不論他做得好不好，都付出了努力，並且戰勝了自己的怯懦，這一點是必須給以肯定的。那麼，做父母的，也不要吝嗇你的稱讚。它對於孩子的意義，是讓孩子明白他有能力去做自己想做的事。

孩子有這樣的父母，是他的幸運！不知你的孩子幸運與否。

你的鼓勵讓孩子離成功更近

自信的孩子也就成功了一半。因為只有自信，才敢於去做。

孩子的自信來源於什麼呢？當然缺不了家長的鼓勵。有最親愛最信賴的人在自己身邊，為自己打氣、加油，孩子怎能不滿懷自信？

「試試看」三個字暗含了「你能做到」、「我相信你」和「失敗了也沒關係」三層意思，孩子是能夠從父母的話語和眼神中感覺出來的。這三層意思，一個肯定了孩子的能力，一個表示了父母的信任，一個表明了結果並不重要。在這樣的暗示下，孩子毫無心理壓力，而且興致被激勵出，在實際操作的時候，也就能真正發揮出自己的水準。

經常這樣鼓勵孩子，孩子也就有了更多的鍛鍊機會。他在不斷的嘗試中，建立了自信心，能力不斷得到提高，再遇到什麼事情，不用父母說，他都會主動去嘗試。這是一個良性循環。你的孩子會變得越來越聰明，越來越自信，越來越成熟。

父母從來不鼓勵孩子自己動手，親身實踐，甚至根本不給他這樣的機會，那麼孩子永遠都只能原地踏步，能力得不到絲毫的鍛鍊和提高。將來步入社會，也會像隻無頭蒼蠅，面對很多事情束手無策。還談什麼成功，談什麼作為？

我們應該心存感激

☺．我們吃進嘴裏的每一粒米都來之不易，應該感激那些讓我們有米吃的人。

☺．我們應該感謝他們才對，你看，正是他們每天辛苦勞動，我們才能住在美麗的房子裏。

父母和孩子都要有一顆感恩的心

看到這個題目，也許做父母的會有不同的想法。是啊，我們都是靠自己的雙手，靠勞力來獲取報酬，為什麼要對別人心存感激？我自己賺錢養活我自己，難道還要對別人說謝謝？聽起來，的確有道理。但是，事實真的那麼簡單嗎？

誰能說自己活在世上，不需要他人呢？我們時刻都無法脫離人而生存。哪怕你每天一個人過日子，你住的房子，你吃的米，你穿的衣服，你用的家具等等等等，哪一樣不是由別人提供給你的？是的，你為使用這些東西而支付了報酬，但是，請想一想，假如它們不被製造出來，你即便有錢也買不到呀。

每個人的生活都滲透了他人的勞動，這一點無庸置疑。

而我們，正是要對這樣的勞動表示出我們的感激與敬佩。當我們懷著一顆感恩的心生活在這個世界上，心底才會產生愛，才會對於我們享受到的一切予以尊重和珍惜，才能體會到幸福的來之不易，才會明白，之所以有好的生活，正是拜許多人所賜。

沒有愛的世界是可怕的。無視他人，以自我為中心的人是可恥的。

更重要的是，一個人心存感激，才會心中有愛，心中有愛，才會真誠地去關心別人。而社會的和平、美好恰恰需要每個人都付出一點自己的愛心。

父母必須把這樣的思想傳達給孩子。美好的品德是需要代代相傳的。

當然了，父母要求孩子如此，他們自己首先得有這樣的認識。

如果你的孩子嘲笑那些灰頭土臉的建築工人，請你一定要對他說：「孩子，我們應該感激他們才對。」

品格的教育一樣很重要

在培養孩子的能力、興趣等方面，家長很重視，也花了不少心思。品格的教育卻成了一個缺口。這種無形的東西十分重要，卻往往被忽略了。

父母關心最多的，是孩子考試得了多少分，有些什麼特長，能做什麼事情，至於他是否正直，是否善良，是否自私，是否虛偽，是否有一顆愛心，都無所謂。大人總覺得這是一個很虛的東西，不實在，孩子將來在社會上也用不到。

一個人的人品與才能，都很重要，缺一不可。父母只注重孩子的才能，而忽視他的品格培養，將來孩子由著性子，亂用才能，那一定會闖出禍來。

擁有愛心，是良好品格的一個方面。愛是很神奇的一種情感，它能夠衍生出許多美好的事物和現象，能夠讓一個人感染給另一個人。當一個社會遍布著愛的時候，每個人都可以感受到無邊的幸福與快樂。

教育孩子的時候，父母應該適時地將良好的品格傳遞給孩子。這往往也取決於父母對孩子潛移默化的影響。俗話說，有其父必有其子。所以，如果你想教育出一個德才兼備的孩子，首先自己要以身作則。

這個問題自己解決

☺・這個問題你可以自己解決。
☺・自己的事情自己解決。

鍛鍊孩子解決問題的能力

孩子在慢慢長大的過程中，逐漸接觸各種類型的人，見識簡單或者複雜的事情，他也可能遇到一些問題，一些麻煩。這個時候，千萬不要把孩子的事都攬過來，應該學會留空間給孩子。

張先生當爸爸許多年了。別人提到他上初中的兒子總是讚不絕口。但是他總認為，孩子的成長，自己其實並沒有費太多的心，因為很多的事情都是孩子自己處理了。在兒子很小的時候，他就很少主動替孩子做什麼。孩子摔倒了，他只是不慌不忙地說：「自己爬起來。」孩子玩玩具拼圖，怎麼也拼不好，他在一邊稍加指點，然後告訴孩子：「爸爸可不幫你，你能拼好的。」在他認為兒子能夠完成一件事的時候，從不主動幫忙。

有一天，孩子放學回家對他說：「爸爸，我們老師說要組織一次野炊活動，可是經費得自己想辦法，不能向家裏要。可是我到哪裏去賺錢呢？」做父親的說：「自己的問題要自己解決。爸爸只能提個建議，要靠自己的真本事賺錢。」後來，兒子就和幾個同學約好，替報社賣報紙，辛苦了一個周末，賺了不少錢。孩子也慢慢被調教出來，遇事不再找父母，而是先自己想辦法，實在解決不了，才要求父母幫忙。事實也證明，孩子在能力所及的範圍，是可以自己去解決很多問題的。

張先生的教育方式非常值得借鑒。父母給孩子一定的自由度，適時放手，培養的是孩子獨立自立的能力。

家長應該對自己孩子的能力有充分的認識，知道他可以做什麼。當你意識到孩子完全能夠應付他遇到的問題時，就讓他自己去解決問題。父母可以充當顧問，但是最好「袖手旁觀」。孩子在處理問題的過程中，要判斷、決定、行動，這些能力不是一朝一夕就可以培養出來的，需要不斷積累經驗，不斷鍛鍊。父母也能夠從孩子處理問題的過程中，看出孩子各方面的才能，也好在今後實施相應的教育。

對孩子說「這個問題自己解決」，也是在告訴他，自己的事情要自己處理，不能依賴他人。而且你做了什麼事，都要承擔相對的責任。讓孩子明白這些，對於他將來的獨立非常重要。

孩子可以解決的事父母不要插手

父母們總是以為愛孩子，就等於事事要替孩子去做，不讓他操半點心。不僅將孩子生活打理妥當，而且孩子一遇到什麼問題，就主動替孩子做了。孩子未必就樂意讓父母一手包辦。因為往往父母還沒有了解真相和實情，就自以為是地替孩子做了決定，結果將事情弄得更糟糕。

孩子有孩子的世界，他有時遇到的問題是不需要大人的干預。比如和朋友鬧了點彆扭，比如老師給他課外實踐的任務。這些問題他自己能夠解決，父母就不要都替他操心了。

有些父母缺乏耐性。比如孩子在家裏做一件老師要求做的模型，一些細緻的地方他做起來顯得很笨拙，或者動作慢吞吞的。這時家長就看不過去了，趕緊幫忙。孩子都不急，你急什麼呢？他做他的模型，你做你的事，為什麼要操這麼多無用的心？孩子實在碰到困難，他會來找你的。再說了，孩子就是孩子，他做事慢一點，笨拙一點，都是很很正常的，不要對他要求太高。

還有的母親總覺得孩子太小，所以、有時過於心疼，寧願自己為孩子做所有的事。孩子：「媽媽，我衣服上的扣子掉了。」

媽媽：「這應該你自己的事呀，自己縫上去。」

孩子：「我不會呀……」

媽媽：「媽媽先教你，然後你自己縫，好嗎？」

這樣的媽媽才是聰明的。盡到了一個母親的責任，也給了孩子鍛鍊自我的機會。家長在一邊指導，教給孩子的只是方法和技巧，具體的實踐，必須讓他自己去做。這樣孩子才能學到真本事。

有沒有新發現？

☺．書看完了，有什麼有趣的發現呀？

☺．你又發現了什麼好玩的東西？

激發孩子探索的興趣

王女士有個四歲多的兒子。孩子特別好動，而且好奇心很強。她發現孩子有「改造」玩具的天賦。比如買回來的積木，孩子可以按照自己的想像堆出奇形怪狀的東西來，而不是玩具製造商所設計的本來玩法。剛開始她總是先教孩子怎樣玩，後來，買回積木後，她索性把自主權交給孩子，隨便他怎麼玩。每當孩子讓她欣賞自己的「傑作」時，她都會給以稱讚：「哇，又有了新玩法，真不錯！」並且鼓勵孩子：「還有更好玩的玩法嗎？」這時孩子又一個人開始了新的嘗試。王女士發現在這個過程中，孩子的腦子越來越靈活了。

其實很多孩子都有發現的能力，只是大人往往給忽略掉了，或者並未為孩子提供這樣的機會。

所以，建議父母不論在家裏，還是帶孩子出去玩，都要適時地引導孩子去發現。不用費多大的勁，只要問問他：「有沒有什麼新發現？」孩子就會動腦筋去想，動手去做了。

孩子看完一本故事書，隨手一丟，家長也不問一句。或許他看過了也就看過了，沒有什麼收穫，也懶得去思考。要是你問他看書的時候有沒有發現有趣的事，他就會去回憶自己看過的內容，及看書的過程中曾一閃而過的想法。通過回憶，他也許有了新的看法，新的疑問。許多知識，就是這樣無形中增加的。

孩子有時會主動向父母要求做某件事。這個時候，父母不但要給機會讓孩子去嘗試，還應該及時詢問孩子：「發現什麼問題沒有啊？」「有新發現嗎？」這其實是在提醒孩子，不光是做事，還要觀察和思考。孩子的探索的興趣也會因此慢慢被帶動起來。

有的父母帶著孩子出門去玩的時候，最喜歡警告孩子：「不許到那個地方去！」「別跑遠了。」「不要到處亂跑。」看到孩子盯著一群螞蟻，趕緊呵斥：「一群螞蟻有什麼好看的。爬到你身上就有你受的。」孩子的好奇心和探索的興趣往往就這樣被扼殺了。可是，如果你問一句：「看什麼呢？發現了什麼好玩的？」孩子也許真能說出他的「高見」。經常這樣，孩子會形成一種習慣，看到新鮮有趣的事，他都會留心觀察，有什麼疑問，他自己去找答案。這有利於培養孩子的觀察力和探索能力。

當然了，你不能強迫孩子去探索和發現。父母提供的，只是一個契機，一條線索，一種啟發。

適時表揚孩子的發現

不要說提醒孩子去發現，有時就是孩子有了發現，父母通常也就隨便打發了。

孩子：「媽媽，我發現樹上有個奇怪的洞。」

媽媽：「一個洞有什麼好奇怪的。」

孩子：「爸爸，我終於發現那隻鳥為什麼不願意離開了。」

爸爸：「哦。你去玩吧，爸爸很忙。」

這是生活中很普遍的現象。父母們要麼對孩子的一個小小發現不以為然，要麼因工作繁忙而對孩子敷衍了事。簡單一句話，就把孩子因發現而產生的勃勃興致全澆滅了。如果父母總是對孩子這樣，他以後再也沒興趣去探索什麼東西了，或者有什麼發現，也懶得跟父母說。

孩子是需要有人回應他的。如果他做了一件事，卻沒有任何人來關注，他會覺得失落和無趣。特別是孩子有某個發現的時候，他心裏是很驚喜和得意的，迫切需要與人分享自己的「成就」，尤其需要獲得父母的重視和肯定。父母的冷淡，會讓一團興趣的火花瞬間熄滅。

對孩子的發現給予一點關注，有那麼難嗎？能耽誤多少時間呢？除非你根本不關心孩子的成長。

觀察力是創造力的源泉，而這兩者是需要從小就開始培養的。父母就是培養孩子這些能力的「助手」。不需要付出太多精力，有適當的機會就提醒他一句，在他有發現的時候，表示出興趣，並給予讚揚，孩子就會得到非常大的鼓舞了。

多交幾個朋友

☺・不要老是待在家裏，出去跟小朋友玩吧。

☺・多交幾個朋友，別總是一個人。

孩子最需要的是玩伴而不是玩具

如果你給孩子買了玩具手槍，而只許他待在家裏，相信孩子寧願不要。沒有人跟他一起玩，他沒有機會展示他手槍的「威力」，沒法獲得樂趣，那又有什麼意思呢？孩子怕的就是孤獨，就是沒人跟他玩。

你給孩子買一堆的玩具，不如讓他去交一個好朋友。玩具玩久了，會生厭。而跟一個好朋友在一起，會有無窮無盡的樂趣。

每個人都不可能離群索居。也許有時喜歡安靜，但是更多的時候是希望有個人陪伴著，這樣才不會覺得孤獨。孩子也是，他的世界本來就比大人的要窄，如果連朋友也沒有了，他該是多麼地孤獨和無助。你會發現，多子女的家庭裏，孩子們雖然難免吵架，但是都很快活。而獨生子女家庭裏的孩子往往最羨慕別人有兄弟姐妹，因為他也希望有人陪他玩。

當一個孩子經常獨處時，他會顯得很無聊，很孤單。長期下去，就會變得沉默寡言，變得內向。

做父母的，應該通情達理，別老是把孩子關在家裏。在孩子很小的時候，就應該帶著他到處串門，讓他認識別的孩子，與人相互溝通。也可以和鄰里各位家長取得共識，讓孩子們多多來往，給他們一個寬鬆的玩耍空間。孩子稍大一點的時候，給他時間出去玩。「去找你的朋友玩一會，別老悶在家裏。」不要小看這麼一句話，它也許會帶給孩子莫大的驚喜和收穫。

一個有很多朋友的孩子，性格會變得開朗，而且比孤獨的孩子更具有獨立性。因為當大家在一起玩的時候，每個人都是平等的，不可以撒嬌，也不可以任性，誰也不能遷就誰，沒有人希望自己被嘲笑。你可以發現，一個在家裏愛撒嬌、會耍賴的孩子，和他的朋友們在一起的時候卻極其謙讓和勇敢。

幫助孩子交朋友

「怎麼可以讓孩子隨便交朋友呢?交到壞朋友怎麼辦?」

家長們很可能會提出這樣的疑問。這也是他們平常限制孩子交朋友的理由。出於對

孩子的關心和保護，擔心孩子受傷害，因而不讓孩子交朋友，這是一種因噎廢食的做法。

把孩子關在家裏，他就永遠不受傷害了嗎？做家長的不可能時時刻刻都在孩子身邊，在你管不到的時候，他一樣要和別的人打交道。除非你永遠不讓孩子出門，除非你每一分鐘都跟在他身邊，但可能嗎？

有些父母雖然允許孩子交朋友，但是規矩很多，而且過分干涉。孩子有了新朋友，就多方打聽，稍微不合自己的意，就不准孩子跟人家來往。孩子選擇朋友，當然是依自己的標準和喜好，父母怎麼能把自己的標準強加給孩子呢？

還有的家長限制不了孩子，就給他們臉色看。當孩子帶著小朋友到家裏來玩的時候，就顯出非常不耐煩的樣子，甚至當著別人的面，朝孩子發火，說些不中聽的話。這麼做不僅會使你的孩子從此失去一個好朋友，而且也深深傷害了孩子的自尊心。連交朋友的自由都沒有，孩子在夥伴面前是會很沒面子的。

聰明的父母，不是不許孩子交朋友，而是幫助孩子交朋友。

如果你擔心孩子交朋友受到不良影響，事先可以提醒他，在外面交朋友，應該注意些什麼，告訴他什麼樣的朋友才是真正的朋友。父母只作善意的提醒和建議，而不加以干涉。

平常也可以引導孩子談談他的朋友，這也是側面了解他交友情況的一種方式。比如聊天的時候，你跟孩子講自己的朋友，孩子也許就來了興致，跟你講他的生活圈子。了解的情況中，好的現象予以鼓勵和支持，不好的現象給以提醒和建議。

有一點，家長需要明白，朋友之間應該是能互相幫助、取長補短的。如果你的孩子沉默內向，你可以讓他和性格開朗、外向一點的孩子玩；如果孩子在家裏比較嬌慣，就建議他跟獨立性強一點的孩子玩；如果孩子很膽小，就多讓他和大膽勇敢的孩子在一起。有很多的快樂，是家長無法給孩子的；有很多的東西，也是只有朋友才能給予的。

自己管好自己的事

☺．自己管好自己的事。

☺．管好自己的事，不要指望別人。

沒有自律，就不會有成功

「自己管好自己的事」，這樣的話父母基本是不會對孩子說的。因為他們往往都替孩子「管」了許多事。或者擔心孩子太小了做不了，或者為了讓孩子安心學習，總之，能做的，都替孩子做好了，不用他操心。

從享受的角度來講，孩子有這樣的父母，真是幸福呀。但換個角度看，父母這麼做是在害孩子。

父母經常對孩子說「自己管好自己的事」，其實是為了讓孩子逐漸培養自律的習慣，學會打理自己，約束自己，克服懶散、沒有時間觀念等毛病，規範自己的生活。

有的孩子特別喜歡說「等一下」。你要他做件什麼事，比如讓他收拾桌子或者幫個忙，他可能正在津津有味地看一本書，就敷衍說：「等一下。」而你相信他，便說：

「那待會兒要記得啦……」可是，過了好久，父母看到他絲毫沒有要自己動手的意思，就乾脆替孩子收拾桌子，或者把需要幫忙的事一個人做了。孩子這樣敷衍慣了，就會逐漸養成懶散的毛病，沒有一點時間觀念。正確的方法是，讓他明確說出「等一下」到底是多久，到了那個時間，一定要開始做那件事不可。並告訴他，說到的事就要做到。

一個孩子從小養成自律的習慣，不僅能讓生活規範化、條理化，而且能克服許多不良的愛好，比如無節制地玩遊戲。當他懂得約束和克制自己的時候，他就能夠把握玩的分寸，既讓自己獲得樂趣，又不沉迷其中。

自律不僅是個人獲得成長的前提，也是超越自己的先決條件。孩子小時候就養成自律的習慣，長大了，為人處世也有了自己的原則。他會懂得如何為了一個目標而盡心努力，如何在眾多的誘惑面前把持自己，如何取捨選擇……

幫助孩子培養自律性

要培養孩子的自律性，父母首先就應該做出好榜樣。學會約束自己——不要太寵孩子。

家長的過分寵愛，是造成孩子缺乏自律性的主要原因。想想看，如果小時候在家裏想要什麼就給什麼，想怎樣就怎樣，父母不對他加以約束，那麼他上了學，就很可能不

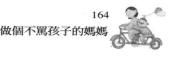

知道如何管束自己了。可能上課不專心聽講，做小動作；作業不好好寫；無節制地玩遊戲。總之，父母的縱容，會讓孩子變得任性、蠻橫、固執、懶惰、刁鑽。哪個家長希望自己的孩子最終變成這個樣子呢？

父母在讓孩子負責自己的事情這一前提下，幫助孩子制訂他的學習目標和生活目標，長期的和短期的都要有，這是讓孩子學會約束自己、克制自己的第一步。

在生活中，對於孩子能夠管好的事，家長提一些建議，教一些方法，具體操作就交給孩子自己去處理。慢慢他也就懂得如何對自己的事情負責。而且，一旦他感受到自律的好處，會自然而然地就把這當作一種習慣。

記得了，隨時提醒你的孩子「自己管好自己的事」。

勇敢一點

☺．勇敢一點，你能唱得很好的！

☺．勇敢地說出來，你的看法很不錯！

你給了孩子勇氣嗎？

你是否在孩子跌倒時讓他學會自己站起來？

你是否在孩子有新想法時給他機會去「冒險」？

你是否常常對孩子說「勇敢一點」？

父母常常不希望自己的孩子膽小怕事，可是，他們沒有意識到，孩子的膽量是需要慢慢鍛鍊出來的。而父母，正是培養他們的好「老師」啊。

有的孩子膽小，怕黑，也怕自己一個人待在家裏。要是恰好父母有什麼事要出去，必須留他一人在家，孩子卻死也不肯。最終沒有辦法，父母只好說：「這麼害怕呀，那算了，你跟著我們吧！」要知道，一個人對於黑暗的恐懼很可能會持續一輩子，成人之後並不一定就能消除。所以，你的孩子如果是這樣，就應該慢慢讓他適應黑暗，而不是

逃避。

還有的時候，孩子有一些新想法。比如，本來一直是家長送他上學的，但是有一天他突然說以後不要家長送了，願意自己一個人去。這很可能是因為他覺得自己長大了，還讓父母送，會讓同學們笑話；也可能是因為他體諒父母，怕他們太辛苦，總之這個想法對他來說，是個不錯的改變。可是父母能夠理解嗎？他們也許立即表示反對：「不行！你一個人不安全！」孩子自己已經有膽量去嘗試他能做的事了，為什麼父母不對他的勇氣給予鼓勵？實際上，你把一些要注意的事項，如過馬路要看看紅綠燈，注意車輛，不要隨便跟陌生人走等等，都告訴他，孩子的表現不會讓你失望的。

也有的孩子天生聰明，他們善於思考，腦子裏老有一些奇怪的想法。也許有一天他產生了打破常規的想法，比如他用報紙做了一頂古怪的帽子，想戴出去給小朋友「欣賞」，可是又怕給人家笑話。這個時候你千萬不要打擊他的積極性，說出「這個帽子這麼難看！」、「別人肯定會取笑你的！」這樣的話來。不如給他打打氣：「勇敢一點嘛，小朋友也許會搶著戴呢。」要知道，這是孩子創造力的表現，他有這樣打破常規，敢於創新的勇氣，為什麼不支持呢？

勇敢不等於冒險

生活中，孩子因為第一次做某事，或接觸某件東西，很可能產生畏懼感，此時家長就應該給予「勇敢一點」這樣的鼓勵，不能吝嗇。可是，家長也必須明白，鼓勵孩子勇敢並不等於是讓他去做危險的冒險。

孩子跟別的小朋友有衝突，廝打了起來，你不去制止，反而鼓勵他說：「別怕，勇敢一點，你打得過他的。」這就是在慫恿他使用暴力，是萬萬不可的。勇敢必須是正當的行為，做父母的怎麼能鼓勵孩子逞強鬥狠呢？這遲早會害了他的。

對於一些冒險的嘗試，比如游泳，在之前先告訴孩子相關知識和注意事項，並且大人要從旁指導。不贊成無意義的冒險，比如孩子說他要爬到一棵大樹的樹頂上，這樣的勇敢不是勇敢，而是逞能了。這一點必須讓孩子明白。

除了行為上的勇敢，還有心理上的勇敢。比如勇敢地說出自己心裏的想法，勇敢地對待自己的過錯。這更需要父母的悉心指導。

父母應該這樣說的話

Chapter 3

讚揚孩子不要過度

☹・您不應該說：嗯，真不錯，你的畫趕上大師的水準了。

☺・您應這樣說：這朵花畫得很逼真，蠻好看的。

☹・您不應該說：你今天真是幫了媽媽大忙。

☺・您應這樣說：這麼小就能幫媽媽做事，真棒。

讚揚也要適度

「寫得真好，孩子，你簡直就是個小詩人！」

我們經常聽家長這樣稱讚孩子。

在大人的意識裏，表揚孩子，會使孩子開心，可以建立他們的自信心，也能讓孩子因為這種讚美而更聽話。

事實是這樣的嗎？

沒錯，我們現在提倡多表揚孩子，但是有多少父母注意到正確的方法？對孩子，並

不是事事都要讚揚，也並不是讚揚越多越好。稱讚不當的結果，會使孩子產生緊張的情緒和惡劣的行為。

有的父母喜歡對孩子說：「你好乖啊！」

可是孩子有時覺得心目中的自己並不那麼乖，這樣誇他反而讓他心裏有壓力，因而對父母的稱讚產生了反感。所以，他得到的讚揚越多，為了表現「真正的他」，就可能有越惡劣的行為。心理學家H．G．吉諾特通過研究發現，「幼兒受到過分表揚，覺得自己不值得表揚，反而感到不安」。

做父母的，可千萬不要以為孩子就那麼好哄騙的，你說的話幾分真幾分假，孩子心裏也有數呢。讚揚太過，他會覺得父母沒有誠心，很虛假。時間長了，他很可能根本不把這些稱讚的話放在眼裏，也會對父母產生心理上的反感和排斥。

另外，過分的讚揚會顯得很抽象，孩子聽了，也未必能真正理解自己所得到的肯定。所以，有時、會出現這樣的情況：父母剛剛誠心誠意地讚揚了孩子，他轉身又開始不聽話，故意惡作劇；或者，你讚揚了他，他根本理也不理。

稱讚孩子的原則

為人父母，應該明白：讚揚跟藥品一樣，必須遵守使用的量和度，並注意可能產生的過敏性反應。這裏有一個重要原則就是，讚揚孩子應就他的努力或成績而說，不要涉及到他的個人品格。

舉個簡單的例子：

周末的時候，孩子把家裏打掃收拾了一番。媽媽看了，只要對他說：「家裏今天真乾淨，讓人感覺很舒服。謝謝你。」就可以了。

像其他什麼「你真是個了不起的孩子！」「你今天真是乖呀！」這樣的話，就不必當面對孩子講出來了。

說起來，孩子只是做了一件力所能及的事，他內心裏也十分地希望自己的努力得到肯定，至於自己是否「了不起」、是否「乖」，他也許根本沒想過。父母的讚揚只需中肯就行，孩子也能在這樣適度的稱讚中自行發展出他的品格，不需要父母來給予某種肯定。

過分讚揚可能嬌慣孩子

難以想像，一個在生活中聽慣好話的孩子，將來對自己會有清醒的認識嗎？長大了能虛心接受別人的批評或意見嗎？我們不能讓孩子在受責備的環境中成長，但是也不能讓他們整天泡在甜言蜜語裏。

適度適時的讚揚，對於鼓勵孩子，幫他們建立自信是非常有用的。但是過度、過分的讚揚，往往讓孩子產生一種錯覺：覺得自己就是最好的，或者自己做事總是做得很好。於是他們看不到自己的缺點，也不能正確認識自己所做的事。將來也未必能經受挫折和批評。

要記住，讚揚，只是對孩子努力的肯定，也許只要那麼一點點就夠了。

指出孩子的錯誤要心平氣和

☹・您不應該說：叫你不要到處亂扔垃圾，你長耳朵沒有！

☺・您應這樣說：如果每個人都像你這麼亂扔垃圾，那我們的環境會多麼髒啊。

☹・您不應該說：那些東西家裏又不是沒有，你還去跟別人搶，丟不丟臉啊。

☺・您應這樣說：跟別人借來玩一下可以，但是不可以去搶呀。

孩子犯錯誤是件很平常的事

先來看一個例子。

孩子在院子裏踢球，一不小心，球被踢飛了，砸到窗戶上，玻璃全碎了。這時正在做家務的媽媽火冒三丈：「早就說了叫你不要在院子裏踢球，你就是不長耳朵，現在也不長眼睛，以後你再在院子裏踢球，看我怎麼揍你。」本來準備向媽媽道歉的孩子，被媽媽這麼一頓數落，覺得挺委屈的，也對媽媽感到失望。從此，不論媽媽說什麼，他根本聽都不聽了，更別說放在心上。這就是失敗的教育。

在生活中，誰不犯錯呢？大人難免，何況孩子。而且在孩子的世界裏，沒有那麼多規矩，也不是一開始就知道哪些是應該的，哪些是不該的。他們犯錯誤有時都是無心的。很多時候，是大人誇大了孩子的錯誤，把不嚴重的事弄得非常嚴重，自己無端生氣不說，還讓孩子無辜地受責罵。

父母教育孩子，首先應該把孩子犯錯當平常事來對待，對他們表示理解。這樣一方面可以緩解孩子因犯錯帶來的心理壓力，另一方面也讓自己對孩子有一個正確的認識。

指出孩子的錯誤要心平氣和

過分的或者不問緣由的指責，會使孩子畏畏縮縮，產生逆反心理，甚至形成乖僻的性情。想想，犯了錯的孩子，內心裏本來就很害怕，擔心挨罵、挨打，有時可能不是他故意的，想對父母解釋，而父母不分青紅皂白，一頓數落，他在對父母產生恐懼感的同時，還會感到失望，覺得父母並不理解和寬容自己。久而久之，孩子和父母只會越來越疏遠。

父母的責任就是在孩子犯錯時，及時給予提醒，制止他們的這種行為，引導孩子認識錯誤、改正錯誤。做到這一點的前提是家長自己首先要冷靜。所以不論有多氣，都必須壓住怒火，先弄明白整件事的經過，了解孩子是犯了什麼錯，為什麼會犯錯，錯到了什麼程度；然後再心平氣和地告訴孩子他怎麼不對了，應該怎麼改正。

就像開頭舉的例子，孩子踢球打碎玻璃，完全是因為不小心，並不是他故意要這麼做的。其實既然他在院子裏踢球，就有砸碎玻璃的可能，那麼媽媽應該清楚這一點。她為什麼不在孩子剛開始踢球的時候，就告訴他在哪裏踢球比較合適呢？為什麼非要等到孩子犯了錯再來責罵？話說回來，就算砸碎了玻璃，也不用對孩子侮辱加威脅的。

如果媽媽能平心靜氣地對孩子說：「院子不是踢球的地方，媽媽以前就告訴過你的，你看，現在砸到玻璃事小，要是砸到人了，多危險呀。以後要到球場去踢球，記得要注意自己和別人的安全。這話媽媽只說一遍，你要記住哦。」那麼孩子不僅能知道怎麼錯了，還會把媽媽的教導記在心上，以後也不會再犯了。

孩子失敗時，先表揚後提醒

☹．您不應該說：比賽又砸了吧！早就告訴過你，不要犯同樣的錯誤，下次記得注意！

☺．您應這樣說：你很努力嘛，這點小失敗算不得什麼，以後記取教訓，稍加努力，一定會成功的。

☹．您不應該說：你的分數還是不平均，要不總分早上去了。以後在差的幾門上多花點功夫吧。

☺．您應這樣說：語文考了第三，很好嘛！總分上不去，主要是你有點偏重某些科，以後要注意平衡。

了解孩子失敗後的心理

以常人的心理來看，失敗了，都會感到沮喪、難過，並且自責、後悔，這個時候是他們最傷心的時候，也是最脆弱的時候。

小孩子也是一樣，甚至他們內心又多了一層恐懼——怕被爸爸媽媽數落。這個時候他的內心是敏感的，需要安慰、理解和鼓勵。有的小孩子天生自尊心強，如果失敗後得到的只是一頓責罵，他心裏就會留下一個陰影。

對症下藥，先表揚後提醒

孩子做事失敗了，並不一定就能對失敗有正確的認識，只是擔心害怕，沒有去想自己失敗的原因。那麼父母就應該是一個引導者，先肯定他的努力，然後再提醒他做得不夠的地方。

心理學上有一種「感化↓情報↓感化」的說服方法。就是在說服對方，向對方傳遞某種訊息時，不是生硬的說教，而是採用「感化」的方法。這一點也可以借鑒來教育孩子。

生活中一般情況是，孩子失敗了，有的父母根本不考慮孩子的心情，立即就訓孩子，甚至當著許多人的面責怪他，質問他為什麼又失敗了。有些家長的話還很過分：「我就知道你拿不到第一，平時就知道玩！」「叫你平時用功你不聽吧，現在恭喜你得了倒數第一！」這樣的話，不僅傷孩子的心，孩子自己也不會去考慮失敗的原因，甚至產生反抗、反感的情緒。父母的訓斥非但達不到目的，還嚴重挫傷了孩子的積極性。

但是，如果換一種方法，先表揚孩子，對他的努力予以肯定，對他說「你很努力嘛」「你很勇敢」這樣的話，「感化」孩子，讓他知道自己也有值得肯定的地方；然後再慢慢指出失敗的原因，加以提醒和鼓勵：「某些方面還不足，要稍加注意，一定會有進步的。」如此一來，孩子的情緒不再停留在失敗的恐懼上，而是轉為思考失敗的原因，考慮怎麼才能不再失敗。

爸爸媽媽不妨試著用這種方法來教育孩子。

都是孩子的錯嗎？

☹．您不應該說：叫你有什麼事就告訴媽媽，你不聽，老是瞞著我，現在好了吧。

☺．您應這樣說：這件事是你不對，但是媽媽也有責任。

☹．您不應該說：怎麼有你這樣的孩子，越大越不像話，現在簡直無法無天了。

☺．您應這樣說：如果爸爸不縱容你，也不會出現這樣的事，所以爸爸也有問題。

犯錯誤都是孩子的問題嗎？

先來看看這麼一個故事。

一個小孩，有一天偷了爸爸錢包裏的錢出去買東西吃，被爸爸發現了。爸爸把他叫到跟前，命令他跪下，氣沖沖地說：「這麼小就開始偷東西，長大還得了。偷東西是犯罪，你知不知道？這次的事爸爸不能饒你，你給我到院子裏去，罰站一個小時！」

當時正值寒冬臘月，院子裏寒氣逼人。小孩在院子裏站了不一會兒，就開始打起哆嗦了。

爸爸看著孩子的可憐模樣，突然意識到，孩子犯這樣的錯，根本原因不在他，而是自己平時就沒有好好關心、教育過孩子。這時，他也站到兒子身邊，對兒子說：「孩子，偷錢是你的錯，但是把你教育成偷錢的孩子，是我的錯。我更應該受懲罰。爸爸罰自己站一個小時，你只要站半個小時。」父親的認真和懲罰分明，打動了孩子的心。此後，孩子再也沒犯過同樣的錯。

大人往往有一個不好的毛病，就是只要孩子犯了錯，就只顧著訓斥、責罵，認為全是孩子不好、不聽話，而很少靜下心來想想：孩子犯錯，自己有沒有責任？

倘若孩子能自己成長為一個十全十美的人，還要家長和老師的教育做什麼？很多時候孩子犯錯也是父母自己忽略了對孩子的引導，或教育方法不對。

做父母的，要善於從孩子的問題中發現自己的問題，給孩子做一個榜樣，讓他也學會客觀考慮自身行為。一個人只有能客觀對待自己時，才能主動考慮改變自己的行動。

家長有錯，也必須道歉

一直以來，做父母的都有一種觀念，認為在孩子面前自己永遠是正確的。即便是自己真的有錯，也會加以掩飾或搪塞，認為承認錯誤，會失去做父母的威信。

父母是孩子的表率，那為什麼不在孩子面前光明磊落？為什麼不以身作則告訴孩子：人無完人，誰都可能犯錯，但重要的是勇於承認錯誤，承擔責任，並且知錯必改？

大人在對待犯錯誤的孩子時，很重要的是要讓孩子了解一個觀念：無論誰犯了錯誤都應自己去承擔責任。

所以，孩子錯了，父母首先要反省，孩子犯錯是不是自己的責任。倘若是自己的教育出了問題，那麼就應向孩子坦言，並且道歉，然後再來說孩子的錯。這樣做，不僅取得了孩子對父母的信任，而且家長的言傳身教也讓孩子明白：一個人犯了錯誤沒關係，重要的是勇於承認和改正錯誤。

再回頭看看前面的例子，如果做爸爸的只懲罰兒子，而看不到自己的失職，將會是什麼後果？兒子有可能在心裏怨恨爸爸，從此再不學好。這樣的教育會徹底的失敗。

將命令改成建議

☹・您不應該說：去，幫媽媽把碗洗了，你反正沒事。

☺・您應這樣說：媽媽現在有點忙，你能不能幫媽媽把碗洗一洗。

☹・您不應該說：還不趕快去念書，看什麼電視！

☺・您應這樣說：好了，電視看完了，你不打算去念念書？

☹・您不應該說：我都說了不許看電視，你怎麼不聽呢？

☺・您應這樣說：爸爸在休息，看電視會打擾他的，你先看一下書好嗎？

命令的口氣會養成孩子怯懦的性格

想想，誰能忍受一個人老是對自己頤指氣使，動不動就要求你給我這樣、你給我那樣？做父母的也不喜歡吧？

命令是一種單方面的交流，只顧及自己，而不考慮別人。

很多父母可能會說：「我是孩子的家長，我有權命令他。」這就是一種完全不替孩子著想的觀念。孩子雖然是你生的，但並不是奴僕，他跟父母是平等的關係。他也同樣是一個個體，有自己選擇的權利。

如果父母指望在對孩子的命令與呵斥中建立自己的威信，那他就等著嘗失敗的苦果。

沒錯，很多孩子對家長唯命是從，但是內心裏真的接納了這樣的命令嗎？他不過是無力反抗而已，等到這種情緒積澱到一定程度，爆發出來就可能產生難以想像的後果。這是第一個不容忽視的。

一個生長在專制的家庭中，長期聽著父母的訓斥「你給我聽著」「你給我去……」的孩子，他心中就可能形成一種對強者唯命是從的習慣，養成怯懦的性格。這是第二個不容忽視的。

做父母的一定要記住，沒有孩子是喜歡聽著命令長大的。

建議的口氣有利於培養孩子的思維和判斷能力

父母平時對孩子說話時，往往會說成「你要給我……」的命令句。這樣的命令，並未尊重孩子的人格和自主性，只會讓孩子感到害怕或反感。

如果把命令改為「你能不能……」「你試著……如何」這樣建議的話語，會有完全不同的效果。

這個時候，孩子會覺得父母是在跟自己商量，在徵求自己的意見，他首先會覺得自己是受了重視。在心理上，他更容易接納父母的要求。同時，他也會隨著父母的引導，鄭重思考要做的事，做出決斷，並考慮該如何做，這對他的思維能力和判斷能力，也是一種有益的鍛鍊。

父母要學會引導孩子，有意識地提出選擇項，讓孩子自己作出決定。比如，孩子在家裏無事可做，千萬不要動氣命令他：「馬上給我看書去！」而應該問他：「你不打算去看看書嗎？」孩子會自己去考慮是要聽父母的，還是該做別的。總之，他會慎重對待家長的話，而不是產生反感。

嚴厲管教孩子要說明理由

☹・您不應該說：說了不能去，就是不能去，沒有為什麼。

☺・您應這樣說：不是媽媽不讓你去，是因為那個地方正在整修，太危險了。

☹・您不應該說：這件事你就得聽我的，問那麼多做什麼！

☺・您應這樣說：你還太小，不明白這些原因，等你長大了，就知道媽媽為什麼這麼做了。

強詞奪理沒有說服力

「大人說的話你敢不聽？」

「媽的話你也不聽嗎？」

「我是你老子，我說怎樣就怎樣！」

不少家長仍不會或不習慣以平等的地位說服孩子。孩子反駁或辯解幾句，大人、父母的身分就被當作一種打壓孩子的王牌。這是典型的強詞奪理，以看似權威的身分來威

壓孩子。沒錯，這一手段很見效。孩子什麼也不說，乖乖按照你的意思去做了。但他不過是無力反駁和反抗而已，並未心悅誠服。他仍會在內心裏堅持自己的想法，而且還多了一份對這種「霸道」的反感。

向來強詞奪理都是不能服人的。好比兩個人吵架，往往理虧的人叫聲最高，希望借聲勢壓人。父母在說服不了孩子的時候，以權威身分來壓服孩子，實際就表明自己已經到了「理屈詞窮」的境地。稍微懂事一點的孩子都能體會到這一點。

何況孩子天生就有一種叛逆心理。你越是強制他做什麼，他越不願意做。你越是不講道理，他越不會信服你。長此以往，會讓孩子形成「為反對而反對」，不管你要求做什麼，他都想和你唱反調。

其實，孩子不是無賴。你跟他講道理，他不會不聽。能說服他，他一定會乖乖地聽你的話。比如孩子提出某個要求，而你又有難言之隱，大可不必沉下臉來呵斥「不行就是不行」，只要說一句「你還小，不明白這些原因，等你長大一點，媽媽再告訴你」，孩子自然就能理解。如果他仍然對那個要求戀戀不捨，你也可以提出新的主意，轉移他的注意力。

聰明的家長會讓孩子心服口服，相信你也不希望給孩子一個蠻橫無理的印象。

不要剝奪了孩子思考的權利

父母強詞奪理，以個人威嚴來壓服孩子，還有一個非常不好的後果。有的孩子天性軟弱一點，平時懼怕父母。所以父母說什麼都乖乖聽從，而自己從不考慮對錯好壞。「媽媽的話你也不聽嗎？」這樣的話，就是說「媽媽的話必須絕對服從，沒有道理可講」，暗含的意思是「除了聽我的，不要再想這想那」。好吧，有的孩子就真的唯父母之命是從，為了不惹父母發怒，就一切照辦。

父母可以用這種手段把孩子培養為「聽話的孩子」，但同時也是培養了一個沒有主見、沒有判斷能力，甚至唯唯諾諾的人。

面對父母的這種不講道理，孩子有時會忍不住加以反駁，因為他有他的想法。這是好事。父母明智的做法是認真聽聽孩子的意見，給予適當的評價，然後再耐心地講明自己的理由。在這個過程中，孩子將自己的想法和父母的理由加以對比，能領悟到一些是非對錯，這是非常重要的。

何況，父母往往是站在自己的立場上來考慮問題，沒有顧及到孩子的處境。有時也許是誤會了孩子，一句「你就得聽我的」這樣的話，會特別傷孩子的心。因為他不僅得不到理解，而且還被強迫遵從父母的意思。

告訴孩子：你可以失敗

☹・您不應該說：這次期末考試你一定要考好，再考砸了，你就別想上學了。

☺・您應這樣說：孩子，放輕鬆，考試的結果別太在意，重要的是你盡了力。

☹・您不應該說：兒子，明天的比賽一定要拿第一！

☺・您應這樣說：孩子，勇敢一點，失敗了也沒關係，不就是一次比賽嘛。

把失敗的權利還給孩子

做父母的，往往是望子成龍、望女成鳳，一門心思都在孩子身上，天天在孩子耳邊叨念：成績要好呀，要努力，不能放鬆呀。一到考試的時候，更是比孩子還著急，不厭其煩地囑咐孩子一定要考好，不許失敗。

這樣的心情可以理解，但真的對孩子有害無益。

沒有誰能事事成功的。也不是任何事一次就能做好的。孩子只是孩子，他沒有生活的閱歷與體驗，他還處在人生中最初摸索的階段。他有權利失敗。

哪個做父母的不是在跌跌絆絆中走過來的？那麼，也請寬容孩子吧，把失敗的權利還給他們。允許孩子失敗，就等於是給了他鍛鍊自己意志力的機會，也給了他增加閱歷的機會。

其實，在生活中，讓孩子適當地承受一些失敗是很必要的。作為父母，必須讓孩子知道，每個人都有失敗的可能，失敗並不可恥，更不可怕，可怕的是失敗了不敢面對，不去改正。

父母要有「失敗即教育」的意識

父母不允許孩子失敗，往往是只看到了失敗的一面，把它看成是丟臉的事。卻忽略了失敗的價值和意義。

父母應該有「失敗即教育」的意識。

孩子失敗了，但是他獲得了「痛苦的體驗」，將來就知道如何去避免。同時，他也有了挑戰困難的契機。孩子從失敗走向成功的過程，就是一個鍛鍊自身，慢慢成熟的過程。他的良好的心理素質和解決問題的能力會在這個過程中培養出來。

在一帆風順的環境中長大的孩子，脆弱的心理會漸漸定型，有一天當他面對突如其來的挫折時，會驚慌失措，甚至一蹶不振。

人生缺少了磨練，想取得永久的成功是不可能的。

從這個意義上說，父母應該鼓勵孩子去嘗試做一些事情，在失敗的磨礪中，訓練出膽量，摸索出經驗。

有時，父母就算知道孩子成功的機率很小，也要讓他做做看。

告訴孩子：失敗了沒關係

生活中，父母常為孩子的錯誤和失敗擔心、著急，害怕孩子下次再犯，有時就忍不住地警告孩子：「你到底要這樣失敗多少次？」可是父母是否想到，給孩子「不許失敗」的壓力，孩子的心理負擔會更重，情緒也會一直處於緊張狀態，不但不能夠從失敗的狀態中走出來，甚至更糟。

運動心理專家有這樣一個發現：在重要比賽時刻，如果一味地給運動員施加壓力，不但不能鼓舞士氣，反而會影響到運動員的發揮水準。但是，如果將很重要的目標簡單化，淡化比賽的緊張情緒，那麼運動員就會有一種輕鬆的感覺，很容易發揮正常水準，甚至超越目標。

同理，在關鍵時刻，我們也應給孩子創造一個輕鬆的心理氛圍。

孩子考試或比賽之前，不要催著孩子去讀書，可以允許他們適當看看電視，跟別的孩子玩耍。也可以帶孩子出去吸收一點新鮮空氣，跟孩子聊聊天，表現出對考試成績或比賽結果不在乎的態度。盡量讓他們脫離緊張的氣氛，調整好狀態。父母的這種態度會讓孩子心裏輕鬆起來，並大受鼓舞。壓力釋放掉了，真正的水準才能發揮出來。其實很多時候，孩子失敗，也跟父母施加了太大壓力有關。

孩子做某件事失敗時，父母不應以憐憫的態度來對待孩子，或者在孩子面前唉聲歎氣，更不應劈頭就責罵孩子。正確的方法是讓孩子明白，失敗是人人都可能碰到的，不是什麼大不了的事，勇敢、聰明的人應該從失敗中吸取教訓，繼續努力。

這其中還有一個潛在的心理效應：允許孩子失敗，也是對孩子能夠成功的一種信任。那麼，請你也給孩子這份信任吧。

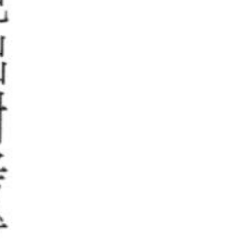

不能妥協於孩子的撒潑耍賴

☹．您不應該說：好吧，別哭了，改天媽媽給你買。

☺．您應這樣說：你這個要求很過分，媽媽不能答應你。

☹．您不應該說：今天不行，明天好嗎？

☺．您應這樣說：等你用得著的時候，再買不遲。

孩子撒潑耍賴時，不要隨便滿足他

也許你經常看到這樣的情形：

商店裏，小孩子看上了櫥櫃裏某個玩具，說他的小夥伴們都有，纏著媽媽要買。媽媽好言哄他：「這個玩具不好，我們去別的地方買。」或者說：「今天媽媽沒帶夠錢，明天再來買好嗎？」孩子不依不饒的，非要買。媽媽這時生氣了：「今天說不買就不買，跟我回家去！」好了，孩子倔脾氣上來了，哇哇大哭，甚至賴在地上，亂踢亂鬧，說什麼都不肯起來。最後，媽媽實在沒辦法，為了安撫孩子，只得把玩具買下來。

沒錯，孩子是暫時給哄住了。但是下次呢？

嘗到了「甜頭」的孩子，找到了對付家長的最有效的「武器」，他在下次還會繼續使用，甚至會使用得登峰造極。孩子學會了要這種小聰明，他的要求會越來越離譜，那時，家長更拿他沒有辦法了。所以，要在一開始，就讓他知道：無理的要求，即便是撒潑耍賴也不能得到滿足。

不要給孩子開空頭支票

有的孩子好哄一些，爸爸媽媽說一句「回頭再說」「過幾天再買」，就立即破涕為笑。他們相信父母不會騙自己，期待過幾天，玩具就真的買回來了。事實上，父母也不過是為了暫時擺脫尷尬局面，向孩子扯了個謊，開了一張不兌現的「空頭支票」。

可是，在孩子心裏，父母的話是值得信賴的，他對這個承諾充滿了期待。倘若父母真的不兌現，可以想見，他會是多麼難過和氣憤。父母在他心目中的高大形象也許會瞬間坍塌。這種欺騙的「戰術」，除了傷孩子的心、失去孩子對自己的信任，還有什麼好處呢？

況且，這種手段也只能糊弄孩子一兩次罷了。

同時，還應注意，父母以「回頭再說」這樣的話迴避與孩子的對立，想借時間讓孩

子忘記自己說的話，而達到既解決問題，又不與孩子產生矛盾的目的，這麼做，不利於培養孩子的獨立自立精神和獨立思考能力。父母敷衍了事，不告訴孩子為什麼不可以，孩子也沒有思考的機會。

給孩子一個拒絕他的理由

孩子雖小，但不是不可理喻的。在他無理取鬧的時候，給他一個可以相信的理由，他會聽進去的。

對於脾氣實在很倔的孩子，家長大可把他帶到一個人少的地方，給他時間，讓他鬧夠鬧累了，再鄭重告訴他，為什麼不能滿足他的要求。

一般來說，孩子都是懂道理的，只要父母給的理由充足、有說服力，他肯定會乖乖聽話。比如，孩子耍賴皮，硬是要買玩具，你可以告訴他：「這個玩具太貴了，我們回去和爸爸商量一下，再一起來買，好嗎？」或者說：「這個玩具要等你大一點才可以玩，明年你過生日的時候買給你。」

在充分說明理由的同時，也可以轉移他的注意力：「這個玩具不適合你玩，咱們去買童話書看怎麼樣？」

總之，你得讓孩子知道，父母不同意的事，總是有其道理的，而不是刻意跟他過不去。

小小叮嚀

要求得到滿足的程度，與等待實現的心理過程是成正比的。夢寐以求而終於得到時的喜悅，和想要的當時就得到時的喜悅，是有天壤之別的。給孩子買玩具也一樣。當他想要火車、布娃娃時，父母立即答應，孩子獲得滿足的程度就會降低，也不會產生視如珍寶的惜物之情。同時，也難以培養「忍耐」這種十分重要的品格。

對於難回答的問題，也要對孩子有個交代

☹．您不應該說：小孩子不需要懂這些！

☺．您應這樣說：這個問題很複雜，等你長大一點了，媽媽再告訴你。

☹．您不應該說：告訴你了你也不明白，一邊玩去。

☺．您應這樣說：這個問題媽媽也說不好，等明天弄清楚了再告訴你好嗎？

認真對待孩子的提問

做父母的可以想想這個問題：

如果在一個諮詢臺詢問一件什麼事，而對方只是隨便敷衍你幾句，你會是什麼心情？如果每次都碰到這樣的事呢？你又會怎麼想？

我想你除了氣憤，多碰壁幾次後，再也不會去諮詢什麼事了。

那麼，由己及人，也來想想孩子們吧。

孩子天生好奇心強，有時他們沒有途徑去滿足好奇心，便只好拿不明白的事去問父母。而父母們往往覺得他們只是沒事找事，問的問題實在多而無聊，甚至可笑。有時，大人又因為工作忙或者孩子的問題實在難以回答，便應付說：「現在忙，過一會再說」或者「你自己想吧」。有時大人實在惱了，沒好氣地說：「你問我，我問誰去？」

這樣的態度會嚴重打擊孩子的好奇心。如果經常這樣，孩子會逐漸對身邊的事物失去興趣，也失去了思考的機會，大腦會變得遲鈍。其次，會影響父母與孩子的親密關係，因為孩子會覺得父母根本就不關心自己。

奉勸家長，要「孩子優先」。無論多忙，無論孩子的問題多麼可笑，多麼難以回答，都要認真地對待。這樣，不僅使孩子的好奇心自然地得到發展，也能確立起父母與孩子之間的協調關係的基礎。

無論如何，要給孩子一個答覆

孩子有時無心的提出一個問題來，讓父母難以回答。這個時候怎麼辦呢？

有的家長正在煩心，孩子一問，便沒好氣地說：「小孩子問那麼多幹什麼，玩你的去！」或者說：「這不是你要知道的事！」他們認為這是理所當然的態度。畢竟，大人

之間的事，跟孩子說了無益，何況還講不明白。但是，一定非要用這樣的話來把孩子的問題頂回去不可嗎？就沒有別的更好的方式？

有的孩子天性敏感，內心脆弱，好不容易有興趣問問父母，卻碰了一鼻子灰，他的心裏該是多麼難受。而且很可能在潛意識中害怕再次受到傷害，而不再問父母問題，甚至疏遠父母。這樣的情形長久下去，父母與孩子的關係會不斷淡化，孩子的心也會離父母越來越遠。

聰明的父母，應該學會接納孩子以及他的問題。即便是很難回答，也要對其提問表示出關心，並明白地告訴他，「你等你長大了自然會明白」或者「這個問題太複雜了，等明天媽媽弄清楚了，再告訴你好嗎？」當然了，你說到就要做到，不能敷衍孩子。

也許孩子提問並不一定要有一個準確的答案。他們的快樂有時在提問這個過程，而不是答案本身。所以，父母對孩子提問有個交代，孩子心理上就獲得了被接納被重視的滿足感，他的好奇心及對父母的信賴會慢慢地發展起來。

值得一提的是，父母千萬不要隨便亂說，胡謅一個答案。尤其是一些涉及科學知識的問題，一定要自己弄清楚了再告訴孩子。

放下父母的架子

☹．您不應該說：大人在說話的時候，小孩子一邊去。

☺．您應這樣說：爸爸跟叔叔阿姨在說話，你想要聽，可以坐在旁邊。

☹．您不應該說：爸爸說的你不聽，你聽誰的？

☺．您應這樣說：爸爸這麼說，是再三思考過的，你也好好想想吧。

孩子為什麼不能批評父母呢？

中國的父母常有一個頑固的觀念，認為父母的威嚴是不可質疑、不可侵犯的，孩子批評父母，就是違背了常理，就是不孝。

他們可以隨便指責孩子，要罵便罵，要打便打，而不給孩子一點講道理和反駁的權利。孩子稍一頂嘴，父母便大發雷霆：「你居然教訓起老子來了……」「有你這樣跟媽媽說話的嗎？」

如果父母真的有錯，孩子為什麼不能批評父母呢？

是的，父母生養孩子，給了孩子生命，為他提供衣食住行，可是孩子也是一個獨立的個體，他有自己的義務，也有自己的權利。他跟父母是平等的，不是上下級的關係。孩子有錯，父母可以批評；那麼父母有錯，孩子自然也有權利指出來。

這跟孩子是否孝敬父母毫無關係。相反，有時恰恰是孩子信任和尊重父母，才說出父母的不是。只不過，他們還小，把握不了言語的分寸，有時難免讓父母聽著不順耳。父母何必跟孩子一般見識呢？

父母要轉變這種觀念，首先要把孩子當一個獨立的人來看，而不是把他當作自己的附屬品。

營造民主平等的家庭氣圍

孩子不按父母意願做事時，父母最後使出的王牌就是恐嚇：「爸爸的話你也敢不聽？」「我是你媽，我的話你也不聽？」

誰給了父母這種「權威」，讓孩子必須服從？那不過是父母把自己置於權力者的地位，高高在上，用自以為是的威嚴來壓迫孩子。

想想，在這樣的家庭中培養出來的孩子會是什麼樣子？孩子無力反抗，學會了忍耐服從，卻失去了思考的能力，變得沒有主見。哪個父母希望自己的孩子長大後是這樣呢？

教育理論上有一個觀點，認為孩子對父母有一種崇拜心理，把他們當了不起的人物，認為他們做什麼事都是對的。這種心理使許多孩子對父母唯命是從，從不加以反駁，哪怕是自己不願意，也認真地照辦了。這是一種很危險的心理。對父母的盲從，便是對自身能力的埋沒。

真理面前人人都是平等的。父母應該學會在家庭中創造出一種民主平等的和諧氛圍。家長可以教育孩子，孩子也可以批評父母。

不要擔心被孩子指出缺點和錯誤，因為一旦你接受了孩子的批評，孩子會更加敬佩和信任你。

父母也應該感到高興，因為孩子能指出父母的錯誤，說明他善於觀察和思考，並有了自己的判斷能力。不管意見對錯與否，都是孩子的自身能力的一種表現。你該為有一個這麼聰明的孩子而感到欣慰。

千萬不要培養孩子的功利心

☹・您不應該說：你如果考一百分，爸爸就獎賞你一百元。

☺・您應這樣說：考得好，對你自己也是一種鼓勵，對不對？

☹・您不應該說：你把這兩張試卷做完了，媽媽周末就帶你出去玩。

☺・您應這樣說：你要是周末沒什麼安排，跟媽媽出去玩怎樣？

不要賄賂你的孩子

「你把這兩張試卷做完了，媽媽周末就帶你去玩。」

「去給爸爸買盒煙，剩下的錢就給你了。」

「來，給爸爸捶捶肩，待會帶你出去吃大餐。」

……

類似這種「如果怎樣，就怎樣」的管教孩子的方式，在一般的家庭中非常普遍。

這種做法說得不好聽，就是賄賂孩子。

在父母與孩子之間，應該建立一種只說「謝謝」就能心領神會的親子關係，而不是把它變成一種利益關係。

用金錢來誘惑孩子做某件事，只會把孩子培養成一個唯利是圖的人。有一天，如果孩子用同樣的方法對你，你讓他幫忙的時候，他用金錢當作交換條件：「你不給我錢，我就不去幫你買東西。」這個時候，就不要怪孩子不學好了。

對孩子的學習，更不能用錢或物作為鼓勵的條件。而應注重精神上的鼓勵，培養孩子學習的榮譽感和自信心。

「如果你考一百分，爸爸就獎賞你一百元。」這種用金錢來獎勵孩子的做法最拙劣，它會使孩子的目光停留在金錢上，而逐漸忘了學習的真正樂趣，更不用說上進了。

習慣於賄賂孩子，也容易造成品德上的缺陷。孩子在這種影響下，學會凡是事把物質的利益放在第一位，甚至把自己的責任當作物質交換的條件。一個孩子，頭腦裏充斥著對於金錢、利益的欲望，很容易變成一個品德低下的人。

所以，請學會培養孩子的正義感、責任心和自信心吧，把物質的獎勵收起來！

培養孩子正確的金錢觀

在這個愈來愈商業化的社會，教育孩子正確認識金錢的價值和作用，培養他正確的

金錢觀，是非常有必要的。

在這方面，父母的言傳身教對孩子有很大的影響。

如果孩子在家裏，不小心打碎了貴重的花瓶，媽媽第一反應就是大聲斥責孩子：「你知道那個花瓶值多少錢嗎?等你爸爸回來，看他怎麼收拾你!」這個時候，母親的做法給孩子的心理暗示就是：「媽媽罵我，是因為媽媽心疼錢。」媽媽對於錢的計較，會逐漸影響到孩子。

其實這個時候，媽媽正確的做法應該是先關心地詢問孩子：「沒傷到你吧?」然後帶著惋惜的口吻對孩子說：「這是你爸爸收藏的寶貝呀，不過，打碎了就算了，以後要小心哦。」重要的是讓孩子明白，金錢不是衡量一切事物價值的標準。

還有的父母看到孩子為了拿獎學金而發奮苦學，會高興得不得了。這是一種很危險的心理。金錢的誘惑，會使孩子喪失對於學習本身的興趣。這時候，獲得金錢成了他們最終的目的。長此以往，獲取獎金的欲望佔據了孩子的心靈，很有可能導致孩子誤入歧途。

男孩女孩一樣對待

☹・您不應該說：你是女孩子，怎麼可以到處欺負人，女生哪有那麼凶的。

☺・您應這樣說：不管怎麼樣，你欺負別人就是不對，在一起玩，就要友好一點嘛。

☹・您不應該說：因為你是男生，所以度量要大一點。

☺・您應這樣說：做人應該有點氣量，要學會寬容別人。

男孩女孩都享有平等的權利

「你是女孩子，怎麼可以那樣？」

「你是男孩子，就應該有男孩子的樣子……」

家長們一罵起孩子來，就把性別分得異常清楚。好像男孩女孩之間真的有一條不可逾越的界線。其實，不管孩子長大後要承擔什麼樣的責任，他們始終都是享有平等權利的。沒有男孩子就必須怎樣，而女孩子又必須怎樣的道理。

在生活中，似乎女孩子去玩玩具手槍和汽車，男孩子喜歡布娃娃都是讓人感到彆扭的事。相信不是男孩子天生不喜歡布娃娃，女孩天生就不愛玩手槍和汽車。孩子之所以有男孩該如何、女孩該如何的意識，多半是父母在平時的教育中把「因為是男孩」「因為是女孩」的思想傳遞給他們。

一個孩子，作為一個獨立的人，不管是男是女，都有平等的權利去喜歡一樣東西，這在於他的興趣與愛好。他喜歡什麼，不喜歡什麼，不能以性別來加以區別的。如果你希望自己的孩子全面發展的話，應該把選擇的權力交給孩子。

可能有些男孩子有女孩的傾向，也可能有些女孩有男孩的傾向，其實這是一個人的性格表現，不需要大驚小怪。父母也用不著為這個而責罵孩子。如果你的兒子喜歡布娃娃，而你偏要禁止他玩，只會讓他更想去玩。如果你的女兒喜歡玩具手槍，你卻告訴她女孩子不應該玩這些，只會讓她對自己的性別感到苦惱甚至自卑、厭惡。孩子畢竟只是孩子，他對於很多事物都有好奇心，不管他愛玩什麼，只要是安全的、健康的，大人都應該表示尊重和諒解，不應該以性別的原因加以阻止。現代西方國家在孩子性別教育方面，流行的是「中性教育」，所以，你不妨讓你的兒子也學著燙燙衣服，讓你的女兒也練習一下鋸木頭。

而且，身為男孩或女孩，是父母賜予的，並非孩子自願。父母拿性別的不同加以責罵，對孩子來說太不公平了。教育孩子，是把他作為一個獨立的人來看，性別只是一個附加的區別。

不要讓你的孩子討厭自己的性別

沒錯，男性和女性的確是不同的，在許多方面都存在著差異，這一點不需要懷疑。但是男性和女性並不存在誰好誰壞的區別。做父母的，在教育孩子時，首先應該有這樣的觀念。

先來看看家長把男女有別的觀念灌輸給孩子的後果。

經常把「你是女孩子」「你是男孩子」這樣的話掛在嘴邊，不但會使孩子感到厭煩，而且讓他或她產生一種畸形心理：「做女孩子真可憐，這也不許，那也不能。」或者「為什麼要把我生成個男孩子呢？」這個時候，孩子就會對自己的性別感到厭惡。這種情緒是非常不利於孩子的成長的。

孩子有什麼不當的行為，跟他的性別沒有關係。用不著老是拿「男孩該怎樣」「女孩該怎樣」的話來責罵。最好的方法是告訴他，他的行為違背了哪些道理或原則。這就把問題轉移到品格教育上去了，而不是在性別上做文章。

舉個簡單的例子。如果你的女兒和別的小孩打架，或說難聽的話罵人，就千萬別用

「你哪裏像個女孩的樣子」這樣的話來否定她。而應讓她站在對方的立場上想想，要是別人這麼對她，她會是什麼心情。她由己及人，就能明白自己的做法是多麼不應該。

作為父母，在平時對孩子的教育中，應該傳達這樣的思想：不管是男孩還是女孩，都沒有任何特權；不管身為男孩還是女孩，都有值得驕傲和自豪的地方。總之，絕不能讓他對自己的性別產生厭惡感。

不要在孩子面前表現，對老師的不滿

☹．您不應該說：你們老師也太過分了，怎麼老是罵你不罵別人呢？

☹．您應這樣說：老師也許是一時心急，才罵了你，別太放在心上。

☹．您不應該說：老是叫同一個孩子回答問題，你們老師也太偏心了。

☹．您應這樣說：很可能你舉手，老師沒看見呢，下次你可要把手舉得高高的。

要讓孩子喜歡學習，先讓他喜歡老師

對於已經上學的孩子來說，他的生活環境更廣了，這意味著影響他的因素也越來越多了。孩子成長的過程，也是一個模仿和學習的過程。那麼，父母就應該意識到老師對於孩子有不可低估的影響。

孩子學習的積極性，跟老師有密切關係。從孩子的天性來說，學習是件很受束縛的事，但是如果學校裏有吸引他的東西，他願意坐在教室裏聽課，那麼學習的興趣就會慢慢培養起來。

心理學上有一種觀點，叫「移情」，就是把感情轉移的意思。比如，想要讓孩子喜愛學習，可以讓他先喜歡上學校或者老師，然後孩子會不自覺把這種感情轉移到學習上。父母可以想得到，如果孩子討厭老師或者學校，會出現什麼樣的後果。

孩子對於老師，總有一定程度的敬畏。有時可能因為學習的壓力，對老師也有些微的不滿。這個時候，父母還在孩子面前說老師這不好、那不好，只會讓老師在孩子心目中的形象更糟糕。對老師沒有好感，如何談好好學習？

對老師的不滿可以私下告訴老師

在這個問題上，一位母親的做法很值得借鑒。她的孩子每天回家都要對老師抱怨一番，說老師每天上課都拖堂，把課後的休息時間都佔用了，同學們都很討厭他。這位母親只是安慰孩子：「老師是想多教給你們一些知識，他的本意是好的。」並沒有附和孩子，責怪老師。而且她還主動去找老師，特意談到這個問題，希望老師能體諒學生，不要佔用學生的休息時間。此後，那位老師不再拖堂了，孩子的不滿情緒也化為烏有。

很多時候，孩子會因為個人的誤解，而對一個人產生偏見，包括自己的老師。比方說，有的孩子資質差一些，成績不夠好，比較自卑和敏感，便老以為老師不喜歡自己。老師很正常的做法，也許在他眼裏就成為一種敵視的信號。如果家長不弄明白實際情況，而隨便附和孩子，去胡亂評價他的老師，那就相當於在孩子的心裏火上澆油，讓本來可以輕易化解的矛盾加深。

父母在孩子面前說一個人的壞話，無形中也會讓孩子對那個人產生厭惡的感情。對老師也一樣。有的家長一旦發現老師的錯誤或缺點，就在孩子面前大肆宣揚，不斷提及，甚至直接帶著孩子上門質問。這種行為就是對孩子的不負責任，讓孩子對老師或者學校產生抵觸情緒。你希望你的孩子帶著這種情緒待在學校裏嗎？

所以，不論孩子對你抱怨老師的什麼不對，你首先要弄明白事實的真相，然後想辦法化解這種情緒。

更重要的是，你要教育孩子，看待一個人，不能附帶自己的感情偏見。你得讓孩子明白，人無完人，每個人都會犯錯，每個人都有優點和缺點。我們應該多看到他人的優點，而盡量寬容他的不足。相信這種思想，對孩子一生都是有益無害的。

孩子動作緩慢，請別催他

☹・您不應該說：吃飯老是磨磨蹭蹭的，你就不能快點？

☺・您應這樣說：吃飯要專心。

☹・您不應該說：快點，快點，再拖就趕不上車了。

☺・您應這樣說：掌握時間，但是也不要太急，別忘了該帶的東西。

對孩子多點耐心

父母在教育孩子時，常常有一個很不好的毛病，就是：急。往往以大人的標準來衡量孩子，對孩子缺乏耐心。

比如，吃飯的時候，大人都吃完了，做母親的急著收拾桌子，看孩子還在慢慢吃，就氣得大聲催促：「你能不能快點吃啊，吃飯都這麼磨蹭。」或者：「快點吃，快點吃，媽媽洗了碗還有很多事呢。」難道要讓孩子吃飯像打仗似的嗎？

再比如，要帶孩子出門時，孩子換衣服動作慢一些，家長就急得一點也等不得：

「我說你能不能快點？哪有像你那麼磨蹭的？」其實孩子不過是慢了那麼幾分鐘，值得對孩子如此嗎？

小孩子不比大人，動作沒那麼俐落。吃飯慢一點，換衣服時間長了一點，都是情有可原的。大人應該多給孩子一點耐心。

其實很多事情提前做了準備，就不會事到臨頭慌慌張張了。比如吃飯，媽媽可以在剛開始吃飯的時候就跟孩子說：「吃飯要專心，別拖拖拉拉的。」再比如出門去，完全可以提前十分鐘讓孩子換好衣服。孩子也會在這個過程中，逐漸學會在事情來臨之前做好準備工作。這是很重要的，也是培養孩子自立能力的一個重點。

催促孩子，得到的是反效果

做媽媽的有沒這樣的經歷呢？

有一天約好了跟一個朋友出去玩，但是因為自己準備得晚了一點，朋友來時，自己還在梳妝打扮。朋友在一邊不停地催「快點，快點」，弄得自己手忙腳亂。急急忙忙收拾東西出門，卻發現這也忘了帶，那也忘了帶。

如果你也有這樣的體會，那麼就不要以同樣的方式對待孩子了。

經常發現，孩子早上上學的時候，稍微起得晚一點，母親比孩子還急。不停地嘮

叨：「還不快點，再磨蹭就要遲到了。」「你還在弄什麼？快點呀！」想想此時孩子是什麼心情吧。孩子本來就擔心遲到，心裏慌張，母親還在一邊不厭其煩地提醒，心中一急，手腳也不聽使喚了，動作也忙亂起來。好了，一忙亂，這也做不好，那也做不好，時間拖延得更長。這就是催促的反效果。

人在緊張的心理狀態下，一般都很難控制自己的行為。所以在孩子著急的時候，做父母的如果還「火上澆油」，只會適得其反。

想想吧，多說幾句「快點」，就真的能幫孩子加快速度嗎？一般的孩子根本沒有存心拖延時間，他們只是動作不夠靈活，這是由於生理的因素，由不得孩子。也許孩子心裏也希望快點把事情做好，說不定一開始就提醒自己：「我得快點，要不媽媽等急了。」「天啦，要遲到了，得動作快點。」畢竟他們也不希望拖拖拉拉，讓人數落。

所以，父母要體會到孩子的這種心情。在他們著急的時候給以適當的勸慰。可以對孩子說：「別急，慢慢來，越急越亂，我們不趕時間。」或者：「稍微抓緊一點時間，不要慌。」還可以在旁邊給孩子以鼓勵：「你一定可以的，不要急。」然後耐心等待。這比一個勁地催孩子效果要好得多。

不要企圖以自己的過去來說服孩子

☹・您不應該說：唉，你們現在的年輕人，哪有我們那時候聽話。

☺・您應這樣說：時代的確是不同了，現在你們可比我們小時候聰明多了。

☹・您不應該說：媽媽小時候可是什麼家務事都搶著做，你們現在真是太享福了。

☺・您應這樣說：很多好習慣就是從小才培養的，你可不要把媽媽的話當耳邊風。

父母的過去對孩子沒有說服力

「媽媽很小的時候就沒有媽媽，在你這個年紀的時候，什麼家務事都做。你看你，這麼大了會做什麼？」

「爸爸小時候常常吃不飽，哪像你們，還浪費糧食。真是身在福中不知福。」

父母教育孩子，有時喜歡拿自己的過去當範本或者標準。他們往往相信憑自己的「權威」，會給孩子留下深刻印象。或者，以為用自己過去的「苦難」可以打動孩子，讓他們變得跟自己小時候一樣。實際上，這不過是父母的一廂情願而已。

一般來說，人們對自己有親身體驗的事才會印象深刻。父母經歷了不同的時代，因而對生活深有感悟。但是孩子的成長環境很單一，他只能對自己感受到的東西有體會。父母的過去，對孩子而言，是很抽象的東西，不能作為一種體驗而對他產生影響。所以，父母可以把自己的過去當故事講給孩子聽，增長他的見識，但是絕不要奢望把這作為一種說服孩子的方式。

中國有句俗語：「好漢不提當年勇。」一個人老是把過去掛在嘴邊，哪怕曾經真的做過驚天動地的大事，聽多了也會讓人膩煩的。何況，過去的一切都已經過去。相信孩子也不喜歡父母總在自己面前「炫耀」過去。而且小孩子最討厭這種「權威」式的空洞說教，他甚至會覺得父母跟不上時代，和自己有距離感。

怎樣對孩子談及自己的過去

前面說過，父母可以把自己的過去當作故事說給孩子聽，這是跟孩子交流和溝通，建立一種親近關係的方式。

在孩子看來，了解父母的孩提時代，聽父母講他們小時候的事情，是很有趣的一件事。而且，甚至不用父母說，他們自己就會去思考和比較現在與過去的不同，因而獲得新的認識和見解。

有的父母小時候生活艱苦，那麼提起往事只需點到為止，重要的是告訴孩子，儘管當時很苦，但是自己仍然經過努力，才能擁有幸福的日子。家長應就事論事，不要對孩子說「我曾經如何如何，所以你要如何如何」之類的話。

有的父母成長過程中經歷過很多失敗，這也可以跟孩子講講。向孩子傳達一些經驗、教訓，也是教育孩子的好時機。孩子呢，他們知道父母同樣是在反覆失敗中長大，會覺得心安。同時，他也可能因此而對父母的堅強表示出由衷得欽佩，進而效仿。

對孩子的說謊行為慎重對待

☹．您不應該說：你就知道撒謊！還有什麼事瞞著媽媽，快說！

☺．您應這樣說：到底是怎麼回事，跟媽媽說說清楚，媽媽不怪你。

☹．您不應該說：還說沒騙爸爸，下午你做了什麼？以為我不知道呢。

☺．您應這樣說：是不方便告訴爸爸嗎？那過幾天，你想好了怎麼說，再告訴爸爸吧。

你知道孩子為什麼撒謊嗎？

「好啊，你又說謊話，看我不教訓你！」

「你說，你是不是騙媽媽了？我就知道你不老實。」

家長們一見孩子說謊，就沒有好話說，也從來不關心孩子為什麼撒謊。這種態度，只會讓孩子對父母更缺乏信任感。哪怕有時不必撒謊，他也不願意說真話。治病還得治根。要想讓孩子不說謊，首先要弄明白孩子為什麼要撒謊。

有的孩子撒謊是因為怕挨罵。比如有時在外面跟人打架了、考試不及格、摔壞了家裏的貴重東西等等，孩子怕被責罰，而且以為能夠瞞過的時候，就會產生撒謊的念頭。這樣的孩子一般都有動輒發脾氣的父母。試想，平時一點小事就對孩子怒目相向，怎麼能讓孩子放心地把犯錯誤的事告訴父母？

有的孩子撒謊，是因為他不被允許說出真相。許多大人都喜歡聽好話。孩子也知道這一點。所以很多時候他寧願說好話哄家長開心，也不願意說令他們生氣的話而招來責罵。比如，孩子突然對媽媽說自己討厭爸爸，你可以想得到媽媽會是什麼反應了。

有的孩子撒謊是被逼無奈。因為父母常常會問一些答案顯而易見的問題，這種尷尬讓孩子不得不進行「防禦性」的抵抗而說謊。比如，明明知道孩子逃學，還問他：「你今天上學沒有？」或者，一邊看著凌亂的房間，一邊質問孩子：「我叫你整理房間，你整理了嗎？」孩子本來討厭質問，父母還要問些大家一眼就明白的問題，這會讓他覺得簡直就是一個圈套。

有的孩子撒謊，也許僅僅是為了好玩。就是故意惹大人生氣，尋開心。比如父母在找個什麼東西，他明明看見了，卻說不知道。比如考試得了全班第一，卻先要騙父母不及格，待父母發了一通脾氣，再說出真相。

有的孩子撒謊，是為了表達一種願望，用幻想來彌補自己在現實中的不足。這個有時是虛榮心在作怪。比如回家跟父母說自己做了某件事，受到老師的表揚，而實際上這事是另一個同學做的。

孩子撒謊是常有的事。大人在現實中難免還要撒謊呢，何況孩子。他撒謊自然不是好事，但是，這並不說明他就多麼壞，事情也沒有多麼糟。找到了孩子撒謊的原因，相信你有辦法把孩子教育成一個誠實的人。

慎重對待孩子的說謊行為

撒謊是一種逃避懲罰和責任的手段。

大多數孩子是害怕懲罰才撒謊的。所以，父母首先必須有一顆寬容的心。無論孩子犯了什麼錯，都能冷靜地處理。這是得到孩子的信任和親近的前提。

對於因怕挨罵而撒謊的孩子，父母必須在平時的生活中就跟孩子建立起一種和諧的關係，也就是對孩子多抱以理解的態度，而不是動不動就打就罵。當孩子明白說出真話對自己沒有威脅的時候，他自然不會撒謊。

對於不被說出真相而撒謊的孩子，做父母的必須有寬大的胸懷，聽得好話，也聽得讓人不愉快的話。要想孩子從小就培養誠實的品格，就得鼓勵他不要隱瞞自己的想法。

對於那些被逼無奈而撒謊的孩子，家長們不要做一個檢察官似的質問者，把孩子逼到窘迫的境地。孩子沒聽你的話整理房間，你可以對孩子再要求一遍：「房間很亂，你不認為該收拾一遍嗎？」孩子逃學了，你應該關心他逃學的原因。同樣的問題，對待的方式其實有很多種的，明智的家長才能找到更好的方法。

至於那些為好玩而撒謊的孩子，你可以讓他嘗一嘗被人騙著玩的滋味，並適時地教育他這樣做有多麼的令人討厭，相信他有了親身體會，以後不會再拿人窮開心。

對那些用謊言來表達願望的孩子，最重要的是要弄明白他要表達的是什麼願望，如果是滿足虛榮心，家長可以通過一些故事、事例來告訴孩子虛榮心的可怕之處。如果是正當的願望，可以幫助孩子在現實中去實現。

對於其他大人不容易注意到的說謊動機，也要採用相應的指導方法。可以私下詢問孩子「說謊」的動機，了解他的真實心理，引導他走出錯誤的意識。

總之，謊言能夠揭示一個人的希望，或者不希望的願望。對謊言的最明智的反應，是弄明白它的真實意圖，而不是蠻不講理地否定這種意圖或指責說謊的人。

你的孩子屬於哪種類型呢？你又是否對孩子的撒謊表示了理解？

把數落變成稱讚

☹．您不應該說：你看你，光一門功課考得好有什麼用！

☺．您應這樣說：雖然數學和外語沒有考好，但是語文分數蠻高嘛！

☹．您不應該說：認真是認真，但是還是錯這麼多，不是白認真了？

☺．您應這樣說：雖然事情沒辦好，但是你態度認真，這就是最好的。

讚揚到底還是比批評動聽

人們在面臨選擇的時候，通常都是擇優而從。大人在買東西時，大都會「斤斤計較」，而在教育孩子時，卻往往敷衍了事。倘若有比責備、數落更好的方法來指導孩子的行為，為什麼不用呢？

中國有句成語叫「塞翁失馬，焉知非福」，它是說事情的好與壞總是相對的，也許壞的事情換一個角度看它又有好的一面。父母必須有這樣的意識和眼光，才能真正教育好自己的孩子。

孩子犯了錯，或者失敗了，往往並沒有父母想像的那樣糟糕和不可饒恕。舉個例子，家長大概就明白了。

孩子放學回家，見媽媽在廚房忙得不可開交，便自告奮勇地來幫忙。媽媽做好一碗菜，他就端到餐桌上去。媽媽剛做好一碗湯，孩子不由分說端起就走。然後媽媽就聽到碗摔碎的聲音。她出去一看，孩子捏著小手，又委屈又害怕地站在那裏不作聲。她走到孩子面前，心疼地撫著孩子燙紅的小手，說：「媽媽幫你擦點藥，一會就沒事了。」「可是……湯都沒有了。」孩子難過地說。「湯沒了媽媽重新去做一份，很快就可以做好。」媽媽拍著他的小臉蛋安慰他。在給孩子擦藥的時候，她又對孩子說：「你主動幫媽媽做事，這很好。不過以後要注意，端這麼燙的東西，一定要用防熱手套護著手。明白了嗎？」孩子用力點點頭：「我懂了，媽媽。」

看了這個故事，不知家長有何感想。現實中的普遍現象是，在這種時候，母親想也不想，責備的話就出口了：「誰叫你來幫忙的，好好一碗湯全灑了！」或者「哪有你那麼笨的，知道燙還用手去端！」而孩子的一片好心、孩子是否被燙傷這些更值得關心的事卻提也不提。這個時候，不僅孩子積極做事的主動性受到了打擊，而且他會覺得在母親的心裏自己還抵不上一碗湯。那麼，這樣的數落又有什麼意義，有什麼好處呢？

能以讚揚的方式來教育孩子的時候，就不要用數落的語言。畢竟，肯定的話，要比

批評動聽，也更能鼓舞人。

換一種說話的方式，效果截然不同

其實，為人父母真的是很不容易。家長跟孩子對話，往往習慣了想到什麼就說什麼。不然，就要花許多的心思和精力。本來，在生活中為孩子打點飲食起居，供孩子上學念書，這已經都夠累的了，倘若還要整天想著該怎麼對孩子說話，怎麼才好，怎麼不妥，那得操多少心？可是作為父母，有責任教育好孩子，哪怕辛苦一點。何況，如果你花點心思教育孩子能達到事半功倍的效果，又何樂而不為呢？

其實，只要一個母親學會了賞識孩子，能隨時發現孩子的優點與可取之處，就可以不用責備而教育好孩子。你掌握了方法和技巧，那也就不是件特別困難的事，也不用花費你多少心思。

比如孩子拿成績單回來，你的目光不要只盯著他考得不好的科目，還要看到他考得好的科目。把「數學考得這麼差，還有臉回來見我」這樣的數落改為「語文考得不錯嘛，數學得加把勁哦」，應該不會太難吧。當他本以為要挨罵的時候，你給他的是稱讚與鼓勵，孩子會為你的理解而感到驚喜，為不讓你失望而加倍努力。如果實在很糟，他沒有一科考得好，你可以拿他以前的成績比較：「比上次有很大進步啊，繼續加油！」

把自己的觀點強加給孩子並不高明

☹・您不應該說：不要看那麼沒有意義的節目了。要看就看這個，對你才有幫助啊。

☺・您應這樣說：看你自己喜歡的節目吧。

☹・您不應該說：就按照我說的去做！

☺・您應這樣說：聽聽我的意見再做決定，好嗎？

專制的父母不是好父母

「這種動畫片有什麼好看的！你英語那麼差，應該多看看英語講座節目。」才上國一的小偉剛打開電視看動畫片，媽媽就開始嘮叨了。

小偉沒說什麼，繼續看他的。可是媽媽還在說：「我說的你聽到沒有，要看對自己有幫助的節目……」

「媽！」小偉非常氣憤地打斷媽媽的話，「為什麼你總覺得你是對的？為什麼你非要我接受你的觀點？我難道不知道什麼節目才對自己有幫助嗎？」

「好哇，不聽我的話，還跟我頂嘴！」當媽媽的顯然是被孩子的反駁嚇了一跳。

「我不是想跟你頂嘴，媽媽，我只是希望你能了解我的想法。對不起！」小偉還是向媽媽道了歉。

母親見孩子這樣，也不再說什麼了。但她心裏仍然在想：我說的，難道不對嗎？

先不說這位母親的話對不對，單是她的態度，就非常糟糕了。沒有人可以把自己的觀點強加給別人，即便是父母與子女之間。孩子是一個獨立的人，你怎麼可以去左右他的思想？

家長們可以設想一下，如果你的上司硬是要你認同他的觀點，你難道不覺得委屈和氣憤嗎？觀點是應該互相交流，求同存異的，沒有誰必須同意誰的道理。否則，就是思想上的專制了。

一個專制的家長，是教育不出有創造力的孩子的。當你把自己的觀點強行一一灌輸給孩子的時候，他就變成第二個你，成了你的複製品，而不是他自己。而你，是在培養孩子，還是在複製自己？

父母喜歡把自己觀點強加給孩子，無非是覺得自己的看法是對的。這是典型的自以為是。像上例中提到的母親，她未必真了解孩子需要的是什麼，什麼東西對孩子確實有幫助。她僅僅是因為孩子英語差，就要他去聽講座，這個邏輯本來就是不嚴密的。英語

差不一定非得通過聽講座來彌補，而聽講座未必就起得了作用，她也不明白動畫片對孩子有什麼意義。因此，母親的觀點是比較主觀的。而她還要將之硬加給孩子，當然只會招致反彈了。

退一步說，就算父母的看法是有道理的，那也不必硬是逼迫著孩子認同啊。你當一個意見說給他，他是會聽到心裏去的。「先聽聽媽媽的意見吧」，這樣商量著說一句，然後把自己的想法告訴給孩子，不是非常好嗎？孩子也會對母親的建議慎重考慮。

同一句話，有很多的表達方式。為什麼就不能選一種讓孩子樂於接受的呢？

請尊重孩子的意見

由於年齡、身分、生活閱歷和知識水準等方面的差異，父母與子女在某些事情上，難免有意見的分歧。最好的辦法是求同存異。

孩子在做一件事情的時候，父母可以先問問他是怎麼想的，為什麼這樣做。然後根據他的想法，提一些有建設性的意見，以糾正其不足之處。只要你不高高在上，而是和孩子平等交流，他是非常樂意聽取你的建議的。你退一步，雙方就有了交流的空間。而你的目的也可以順利達到。這就是所謂「以退為進」。

何況，對於孩子自己的事，也許比父母更清楚。所以，該怎麼做，怎麼才是最好，

孩子吵鬧時，不要發火

☹．您不應該說：吵死了！

☺．您應這樣說：吵到別人，你也不安心的，對嗎？

☹．您不應該說：你想把我吵死呀！

☺．您應這樣說：請你小聲一點，可以嗎？

為什麼不選擇最有效的說話方式？

如果有一天，你在家裏聽音樂，因為很享受，把音量開得稍微大了一些，而且還忍不住地隨著音樂舞蹈起來。不一會兒，就聽到樓下的人開了窗戶喊：「發什麼瘋呢，還讓不讓人活呀？」這個時候，你大概也火冒三丈，賭氣地把聲音開得更大，腳踏地板踏得更重。但是，假如鄰居換成這樣說呢：「樓上的，你的音樂很好聽啊，可是我們需要休息，可不可以把聲音開小一點？謝啦！」相信聽到這句話，你會為自己打擾了別人而深感抱歉。

語言就是這樣很神奇的東西。同一個意思，你可以這樣說，也可以那樣說。那麼，為什麼不選擇最好的方式呢？如果能把批評責罵孩子時的大嗓門變成溫柔的聲音，那麼孩子還會把你的話當耳邊風嗎？

孩子在玩樂的時候，太高興了，往往無所顧忌，尤其是在家裏。比如看電視或者聽音樂，把聲音開得很大；比如一個人在家裏玩又蹦又跳，跑進跑出；比如帶朋友來家裏玩，簡直吵翻了天。有時，是在公共場合，孩子根本不懂什麼規則和秩序，瘋吵瘋鬧。在這些時候，家長的第一反應就是一聲怒吼：「你就不能安靜點！簡直吵死了！」要是在家裏，倒還沒什麼，在公共場合，這一聲怒吼說不定還會嚇到別人。孩子經這一吼，頓時安靜下來了，可是他的心裏會不由自主地積聚起抵觸情緒。反抗性強的孩子，非但不會聽你的，反而可能鬧得更凶，因為他知道你拿他也沒辦法。

稍大一點的孩子，他好不容易放鬆一下，在家聽聽喜歡的音樂，就遭到父母「什麼破音樂，吵死了」這樣的數落，他很可能對這個家都產生了厭惡感。家是個自由的地方，如果他連這點自由都被剝奪，那還會留戀這個家嗎？家長這樣的呵斥，在他看來，不僅僅是因為吵鬧，還因為他們不能理解和容忍他的愛好。孩子的心就是這樣敏感的。

其實，上面種種不良的後果本來都是可以避免的。如果父母能夠心平氣和地跟孩子講道理，溫柔地和他溝通，孩子是非常樂意接受的。

孩子盡情玩耍，吵鬧一點是很正常的。他能夠自娛自樂，不需要依賴著父母，而且玩得很盡興，這證明他是個容易找到快樂的孩子，而且很有創造力——至少他能夠找到讓自己開心的辦法。父母不應該加以干涉的。但是，如果他實在吵得過分，既影響到家長，又可能影響到鄰居，那麼還是可以提醒他一下。這個時候，千萬別發火。你可以用平淡地語氣對他講一聲：「媽媽在看書，你小聲點好嗎？」或者可以指指樓下，對他做個痛苦地表情，然後說：「小聲一點，會吵到別人的哦。」也可以用暗示的方法，比如對他「噓」一聲，這種提示，反倒更容易為孩子所接受。

做父母的，更應該經常提醒孩子，要隨時隨地考慮自己的行為是否給別人帶來不便，教育他學會為他人著想。在孩子吵鬧的時候，你可以對他說：「咱們小聲一點，吵到了別人，你也不會安心的，對嗎？」或者說：「要是別人這樣吵你，你是不是也很氣憤呢？」孩子並非不通情理，他也是能夠體諒別人的。經常這樣交流，他就能學會如何既滿足自己的需要又照顧到別人的感受。

對於自我意識比較強的孩子，你首先要考慮他的感受。比如上面提到的聽音樂的例子。如果家長對他說：「兒子，你聽的歌蠻有趣的，可是我現在想看看書，你可以小點聲嗎？」孩子便能夠感受到父母對他的尊重，自然他也能理解父母。

看看吧，其實父母完全用不著對孩子吵鬧而大動肝火，溫柔一點，利己也利人。

詹姆斯·杜布森說過這麼一句話：「我個人非常相信，那些『不聽話』的孩子所擁有的創造性潛力和性格力量，通常超過他們溫柔乖巧的兄弟姐妹和同齡夥伴。」相信你不會以一聲「斷喝」把孩子的創造力全嚇跑了。

不要強迫孩子吃東西

☹・您不應該說：你把它給我吃下去！媽媽可煮得很辛苦呀。我叫你吃你就得吃！吃不吃？不吃餓死了我可不管！

☺・您應這樣說：這個菜真好吃，你不嘗嘗嗎？

強迫是調治孩子偏食厭食最糟糕的手段

令家長最感頭疼的問題之一，就是孩子偏食厭食了。一旦孩子有這種傾向，有的父母真是想盡千方百計，軟硬兼施，什麼招數都使過了，就只差沒跪下來求他吃東西。可孩子仍然頑固到底，就是不肯合作。有的父母先來軟的，好言相勸，見孩子根本不吃這一套，又來硬的，強迫孩子「你把它給我吃下去」，或者威脅孩子「你不把它吃下去就別想睡覺」。不管軟的硬的，方法不對，當然不見效了。而且強迫孩子吃東西是最愚蠢最糟糕的手段。

人對於被強迫去做的事，有本能的反感。孩子本來就討厭吃某種食物，而你硬是強迫他吃下去，只會令他對這種食物更加討厭，下次就更不願意吃了。一旦他把某種食物和自己的不愉快情緒聯繫在了一起，就很難讓他改變對此種食物的厭惡感了。

有時孩子偶爾厭食是因為情緒低落。家長要留心孩子的情緒。不能把偶爾的狀態當成常態，並大驚小怪的，甚至逼迫孩子吃東西。這樣做只會起反效果。

還有的父母在遇到這種情況的時候，喜歡用一種類似於強迫的手段。比如，對孩子說：「媽媽可是特意為你做的。」「爸爸做這道菜做得很辛苦！」表現出家長的辛勞，期望孩子體諒，進而吃下這道菜。其實這只會讓孩子感到為難。哪怕他把食物吃下去了，也只是為了不辜負父母的一番辛勞，而不是願意吃它。這種變相強迫的手段還帶有讓孩子「感恩」的意味，更要不得。

不妨試試下面的方法

1.家長首先要給孩子樹立好的榜樣。有的家長自己本身就偏食，而且自己不吃的東西也不讓或者乾脆不做給孩子吃。如果連自己都管不好，又如何教育好孩子呢？要是你自己先克服了偏食的毛病，還可以用自己的方法來調治孩子。

對於孩子不愛吃的食物，家長盡量把它做得色、香、味俱全，在吃飯的時候，家長先吃，並且要做出吃得很香的樣子。父母兩人還可以邊吃邊討論菜的味道：「嗯，真不錯，味道挺好！」順便「引誘」一下孩子：「這個菜這樣做很好吃，你不嘗嘗嗎？」也

可以在餐桌上假裝漫不經心地討論孩子不愛吃的另一道菜如何美味，下次就把它做出來。相信孩子會有興趣試試口味。

2.每次最好只做一道孩子最喜歡吃的菜，他有時吃一道菜實在吃厭了，也許會有興趣嘗試一下別的食物。

3.一般來說，一種食物有很多種吃法，有時孩子不喜歡這樣吃，可能就喜歡那樣吃。不斷變換食物的做法，也能讓孩子慢慢消除偏見，試著接受他以前不愛吃的東西。

4.對於情緒低落而不想吃東西的孩子，家長要及時了解孩子情緒低落的原因，細心開導他。並且告訴他，生活中難免有不順心的事，但是不能因此而不吃飯，跟自己的身體過不去。

5.我們不要孩子偏食，是為了營養全面均衡起見。所以，如果有另外一種食物跟孩子不愛吃的食物有一樣的營養效果，父母不妨讓孩子換吃另外那種食物。

6.如果孩子有崇拜的偶像，也可以借偶像之名加以引導。告訴孩子他的偶像也喜歡吃什麼食物，孩子很可能願意去試著吃一吃。偶像的力量是巨大的，可以用一用。

同時要注意，在吃飯前家長不要訓斥孩子，不要說一些不愉快的事情，影響孩子吃飯的情緒。也不要在孩子面前討論哪種食物不好吃，或者自己不喜歡吃什麼食物。這都會無形中影響孩子對這些食物的興趣。

少給孩子買零食。在孩子厭食的時候，也千萬不要因為怕孩子挨餓而用零食來代替正餐。這只會令他對不喜歡的食物越來越沒興趣。

不要只看結果

☹・您不應該說：怎麼又惹妹妹哭了？趕快道歉！

☺・您應這樣說：到底是怎麼回事？如果是你不對的話，就趕快道歉。

☹・您不應該說：考這麼低的分數，你這幾年的書全白讀了！

☺・您應這樣說：跟媽媽說一下，是因為什麼原因考得不好？

為什麼眼睛就只盯著結果？

兩個小孩子在一起玩。要是小的突然哭起來，大人總是先安慰正在哭的孩子，然後責怪大孩子：「你是不是惹弟弟了？快點說對不起！」「我沒有惹他，是他自己摔倒了。」如果大孩子這樣辯解，媽媽就會說：「你這孩子，怎麼學著狡辯了！肯定是你又欺負他了！」

父母往往就是這樣，他們對於結果非常在意，而對於導致這個結果的過程卻無心過問。憑著他們看到的最後的事實，而對孩子下一個主觀論斷，這是家長們慣常做的事。

還有很多類似的例子。

孩子拿回成績單，家長一看分數很低，就來了氣：「你讀了一年的書，花了我那麼多錢，就拿這樣的分數來見我？」孩子根本無力辯解，因為這個結果已經如此明顯地擺在眼前，就算有什麼原因，他知道父母也不會相信。那麼他也只能聽憑家長數落了。

家長回家發現家裏貴重的花瓶打碎了，不由分說，就把孩子罵一頓：「你又在家裏發什麼瘋？花瓶好好地在那兒，你幹嘛去動它？」孩子辯解：「我是不小心……」家長這時更火了：「不小心？你什麼時候小心過啊？以後再這麼不聽話，看我怎麼收拾你！」

如果父母真的是關心孩子，為什麼老是盯著一個結果不放？結果背後的真相呢？他們為什麼疏於了解？只能說我們的父母教育孩子，太過於表面化。如果在孩子考得不好時，問一句「跟媽媽說，是不是有什麼原因」，如果在看到花瓶被打碎了，問孩子「這個花瓶是怎麼回事」，那麼，你很可能會發現事實並不是你想像的那樣，並在心中為自己沒有不分青紅皂白就責罵孩子而感到慶幸。

過程比結果更重要

就前面第一個例子來說，大人不應該見到小孩子哭，就認定他受了委屈，而應是保持冷靜，先問清楚事情的經過再做決斷。孩子有著比大人更堅持公平正義的天性，如果他被冤枉了，那麼他內心的傷害是難以想像的。家長在他眼中也失去了公正的形象。

導致一個結果，往往有很多種因素。父母不可以僅僅在一個結果上做文章。比如孩子的學習。他考的分數低，並不能說明他平時不用功或者腦子笨，也很可能是情緒不好，影響了考場上的發揮；也可能是出現了一些失誤。其實，就算孩子的分數很高，那也不能說明他完全領會了所學的東西。何況分數只是一個知識水準檢測的結果，它並不能代表實際的操作能力。你的孩子考試考不好，也許他真正學到了東西。你不去了解，怎麼能知道他在學習的過程裏學到了什麼？又怎麼能僅憑一個真實性值得懷疑的分數而對孩子加以責罵？

老是害怕孩子失敗的父母也是太看重結果。其實，每一次失敗，都讓孩子知道了一種行不通的辦法，那麼他就會試著去找別的辦法，而不是在同一個地方反覆摔倒。這個失敗的過程，也就是他獲得知識和經驗的過程，那麼對於失敗這個結果，又有什麼好計較的呢？這是多麼簡單的道理，家長們真的不明白嗎？

不要用老眼光看待孩子

☹・您不應該說：真是怪事啊，怎麼突然就變聰明了？

☺・您應這樣說：腦袋瓜蠻靈活的嘛，一說就明白了。

孩子每一分鐘都在變化

親自撫養過孩子的家長都能體會到，孩子成長的速度真的是很快。一眨眼，他就會說話了，會走路了，上學了，長大了。其中有很多很多的細節，連父母都覺得吃驚。

孩子要求做某件事，父母就說：「你還小，等大一點再說。」等到孩子真的長大了，他們還是對孩子說這樣的話。可是事實上孩子真的已經進步了不少，只是家長往往沒有發覺。也許他今天不能做，可是明天他知道了方法和技巧，完全能夠駕馭。何況，有許多事，只有試著做做看，才能知道孩子可不可以做好。

長輩們總喜歡說：「在父母眼裏，孩子永遠是孩子。」這句話不假，但是它並不代表孩子從來沒有進步。在父母眼裏永遠是孩子，只是相對而言。孩子是每天都在成長的。他們對周圍的事物有著強烈的好奇心和求知欲，並且有著敏銳的觀察力和強大的吸

收能力。做家長的，對於孩子的新的進步，只有讚揚和鼓勵的道理，絕不應予以懷疑和嘲諷。

當然了，孩子的變化有好也有壞。有的孩子可能每一分鐘都在進步，而有的孩子也可能逐漸都在退步。家長必須隨時留意。

學會用發展的眼光看待孩子

許多家長一旦對孩子形成了某種認識，就難以改變，甚至盲目給孩子定型、定性。比如孩子一向淘氣，有天突然聽話了，變得非常懂事，父母就覺得很奇怪，有時便帶著懷疑和嘲諷的口吻說：「太陽打西邊出來啊，你也會體諒媽媽了！」而他，也許是受到了某種觸動，決心做個好孩子；也許是成長的內因素使然，他確實懂事了，總之，他的改變並不是不可接受。父母表示出不信任甚至嘲笑的態度，否定孩子的改變，這不是逼迫他退回到原來的狀態中去嗎？

再比如，孩子成績一向不好，可是有天他考了一百分。當他把試卷拿給母親看的時候，母親不相信地問：「你實話告訴我，有沒有偷看別人的？」天啦，母親這不等於是在懷疑孩子的品格嗎？為什麼你不是看到孩子的進步，反而質疑孩子的能力與人品？在這樣的教育方式下，孩子想不學壞都難啊。

家長用老眼光看待孩子，不僅表現在看不到孩子身上有益的變化，還表現在忽視了孩子身上有害的變化。懷疑孩子的能力與人品是不好，但是過分信任，也無益。家長都有這樣的傾向，認為自己的孩子才是最好的，最聰明的。實際上，孩子漸漸長大，生活圈子擴大，接觸的人多了，他也會受各種各樣的影響，也許原本善良的孩子會變得粗暴，原本正直的孩子變得蠻橫，原本誠實的孩子變得謊話連篇。父母不根據實際情況，而只是讓自己的認識停留在原來的地方，那麼只會誤了孩子。有一天，當你發現你的孩子變得連你都不敢相認的時候，就已經太遲了。

無論如何，做父母的都不能把孩子放在某個固定的模式裏，然後自己的看法就一直停留在這個模式裏。孩子畢竟是鮮活的生命，不是一個擺在那裏不動的模型。

無視孩子的審美興趣

☹・您不應該說：你畫的太陽怎麼是綠色的，天空反而是紅色的，全錯了嘛！

☺・您應這樣說：你畫得很有創意嘛，跟媽媽說說你為什麼要這樣畫，好嗎？

別老是站在大人的角度來議論孩子的事

如果家長不能真切地站在孩子的立場上來看待孩子，很多時候真的是無法進入孩子的世界。

看到這麼一個故事。

老師在課堂提問：「同學們，雪化了是什麼？」有一個孩子站起來說：「雪化了是春天。」老師非常氣憤：「誰問你雪化了是冬天還是春天？雪化了是水，給我記好了！」

這個故事跟審美並無關係，用在這裏只是想說明，大人和孩子，都各有一個心靈世界，這兩個世界如果沒有一座橋連起來，就永遠無法溝通。這個橋是什麼？就是大人能夠用孩子的眼光去認識孩子。

大人世界裏不合邏輯、不合情理的事，在孩子的世界裏是完全可以行得通的。孩子在畫畫時，把太陽畫成綠的，把天空畫成紅的，把草畫成藍的，都自有他的道理。而大人何曾表示了理解和欣賞呢？看到孩子把人畫成三隻胳膊四條腿，相信大多數的父母第一反應就是說：「人不是這樣畫的，應該這樣……」或者說：「畫得這麼難看！讓我來教你怎麼畫才好看。」孩子就是孩子，有自己的眼光和審美趣味，他眼裏的事物並不一定要符合大人的世界。家長不能理解也就罷了，怎麼還能用自己的觀念要求孩子？

小孩子有小孩子的世界，大孩子也有大孩子的空間。如今的中學生們哈日哈韓，穿奇裝異服，走在流行的前端，已不是什麼新奇的事了。可是，這些孩子們的苦惱是，在學校裏、要乖乖地，不能打扮得奇形怪狀，不能穿喜歡的衣服，梳喜歡的髮型；回到家，可以自由一點，老爸老媽又不表示認同和理解，不是說自己「不像話」，就是說自己「沒有學生樣」。他們感歎大人們真是冥頑不靈。

大人永遠站在孩子的心靈之外，就永遠也不能真正進入孩子的世界。

對孩子的審美趣味表示欣賞

當然，也有不少父母是很理解孩子的。他們能夠用孩子的眼光來看待孩子，於是也不覺得那些看起來「荒誕」的表現有什麼不可思議了，甚至會發現，孩子的世界別有一番趣味。

不會欣賞孩子的父母，常常就在不經意中挫傷了孩子的積極性。就拿畫畫來說，家長見孩子畫的人臉都是正方形或者長方形的，就忍不住說：「這麼難看啊！看來你沒有畫畫的天賦。還是去給我學鋼琴吧。」這樣的話會讓孩子好不容易萌生的興趣愛好夭折，你也很可能就此葬送了孩子的美術天賦。實際上，孩子把人臉畫成方的，要麼就是他覺得這樣好看，要麼就是他還不會畫弧線，大人要是能站在他的角度想一想，便能發現孩子其實挺有創造力和想像力的。這個時候，你可以給他鼓勵：「這個人的臉和我們的不同哦，不過看起來挺好玩的。是你自己想像的嗎？真不錯！」孩子也許就來了興致，跟你講他為什麼要把人的臉畫成方的。這就是他把他的心靈世界展示給你的機會，是和你交流的重要一步。

對於處於青春期的孩子，大人也要予以類似的欣賞和理解。就前面提到的例子來說。孩子穿著反傳統的服裝，是他們的審美眼光決定的，那也是他們表現自我的一種方式。哪怕這個時候他們誇張一點，也沒有關係，將來他們遲早會在社會中定位下來。既是孩子，總不能跟大人毫無區別吧？所以，對孩子的服裝品味，你不妨表示出欣賞：「這身打扮蠻酷的嘛！」對於孩子來說，能夠得到父母的認同，真是一件非常開心的事。他的心也許就離你近多了！

好孩子是什麼標準？

☹．您不應該說：成績不錯，真是個好孩子！

☺．您應這樣說：成績這麼好，平時一定很用功吧！

不要拿「好」與「壞」來評價孩子

大人評價孩子的最最常見的話，常常是這樣的：

稱讚：

「你真乖。」

「你真是個好孩子！」

「真是個聽話的好孩子！」

批評：

「你這個壞孩子！」

「你不聽話就是壞孩子！」

這就是空洞的表揚和批評，孩子根本不能從中獲取父母本來想要傳達的意思。何況，這裏的「好」與「壞」，都是很模糊的概念，沒有固定的標準和尺度。在一個人看來的「好」，在另一個人那裏就變成了「壞」。反之，亦然。所以，父母如果對於孩子的行為給予的評價只是「好」或者「壞」，那麼孩子受的教育就是刻板的，他只知道這一個行為是好或壞，而對於同一性質的其他行為則沒有判斷力。那麼他也許還會犯錯。

同時，大人說的「好」與「壞」也是相對的。孩子的某一行為很可能受到許多人的評價，但是有的人說他是「壞孩子」，有的人又說他是「好孩子」，他該如何來解決這個矛盾？如何明白自己到底是好是壞？

還應該想到，如果孩子明白了誇他為「好孩子」是一種稱讚，而罵他為「壞孩子」是一種責備，那麼當有人要求他去做某事而誇他為「好孩子」時，他是不是真就會去做了？而當他要做某事，別人罵他是「壞孩子」，他就真的不做了呢？假設這個推理能夠成立，那孩子在外面與別人交往不是太危險了嗎？

父母真的有必要在這方面給予足夠的注意。

因此，家長要盡量避免用「好孩子」或者「壞孩子」這樣的語言來評價孩子。因為我們是就孩子的某一行為來作出評價，而不是對孩子本人作出判斷。家長要做的，是讓孩子明白，他的行為錯在哪兒或者為什麼值得稱讚，那麼，再碰到類似的事情，他就能夠自己辨別如何才是對，如何才是錯。

用「好」與「壞」來評價孩子，側重的是孩子的品格，而實際上他的許多行為是與品格無關的。比如他吵鬧影響了別人，他和小朋友吵架了，他取得了好成績，這都是根本不涉及品格的事情。家長只需說明白道理就可以了。例如說：「別人在休息，你這麼吵，會打擾別人的。」「成績不錯嘛，努力了就有收穫。」讓孩子懂一個道理，就是等於告訴了他一個處理類似事情的原則。這不是有用得多嗎？

真的是為孩子好嗎？

☹．您不應該說：你要體諒父母，這都是為你好！

☺．您應這樣說：如果你有什麼不同的想法，可以說出來。

如果真的是為孩子好……

有時，真的覺得我們的父母好「殘忍」，也好虛偽。明明是為了自己的意願或者目的，讓孩子「出賣」童年、「出賣」理想、「出賣」愛好，卻還要假惺惺地對孩子說：「這都是為你好！」

如果是真的為孩子好，為什麼孩子有一點錯，就要狠狠地打，狠狠地罵？還要說些惡毒的話，又不給他辯解的機會？

如果真的是為孩子好，為什麼從來只關心孩子的分數，而從不過問孩子是否開心，身體是否健康？為什麼因為孩子一次沒考好就連他的人格也隨便貶斥？

如果真的是為孩子好，為什麼不讓孩子自由地選擇愛好和朋友？為什麼要強迫孩子去學他不願意學習的東西？

如果真的是為孩子好，為什麼要自作主張替孩子選擇理想、志願和未來？

……

事實上，就憑上面那幾條，我們已經能夠明白，所謂的「為你好」，只不過是父母一廂情願，只不過是一個很堂皇的藉口。

誰的目的？誰的代價？

因為「為你好」，所以打你，罵你，也是正當的。因為「為你好」，所以你就得聽我的。因為「為你好」，所以，哪怕傷了你的心，你也要無條件接受。這究竟是什麼邏輯呢？

我們不能說父母這麼做是不愛孩子。正是因為他們愛孩子，愛得太過，失去了對孩子起碼的尊重，才替孩子做了很多不應該插手的事。

舉個例子。在分文理班時，孩子喜歡文科，而家長認為讀理科有出息，軟硬兼施地讓孩子選擇理科。最後，他們的目的達成了。可是孩子呢？孩子以自己的理想作為代價換來的只是一句安慰話：「這都是為你好！」真正的目的是為父母好，卻要孩子來作出犧牲，簡直不可思議！

如果父母真正是出於愛，出於為孩子好的目的，那麼首先就應該是尊重孩子。至少應該把屬於孩子的權利切實地交給孩子。為了父母自己的目的而讓孩子付出代價，這太不公平了！

所以，別再拿著這句話來當盾牌，來阻擋孩子的反抗，你大可以說一句「你有什麼想法，說說看」，然後耐心聽聽孩子的意見。

如何跟孩子談論死亡

☹．您不應該說：爺爺到另一個美好的世界去了。奶奶只是睡著了。

☺．您應這樣說：這是一個自然現象，每個人都會死亡，所以現在要好好珍惜每一天。

不必對死亡諱莫如深

中國人對死向來忌諱。大人往往都不喜歡直接談到，更別說對孩子提及了。其實誰都知道，有生必有死。死亡是一種自然現象，哪怕不是自然的死亡，也仍然是人類不可改變和挽救的事實。何況，孩子遲早是要接觸到死亡的。不可能一直對他隱諱下去。

有親人過世了，孩子跟父母一起去弔唁。但是如果此前從來沒有經歷過，孩子根本就不知道死亡是怎麼一回事。甚至在看到死者的遺體時，他也沒有絲毫的畏懼。如果大人在這種情況下，神神秘秘的，而且老是一副緊張不安的樣子，孩子就會受到影響，在心裏產生一種莫名的恐懼感。這對孩子並沒有好處。

孩子問：「爸爸，爺爺怎麼不說話了？」

爸爸：「孩子，爺爺睡著了。」

也許做父親的這麼說只是為了不讓孩子感到難過。但是對孩子掩飾死亡的真相，就是一種欺騙。孩子仍無法理解死亡到底是什麼，甚至誤導他對死亡和睡眠不加區別。孩子對死亡沒有認識時，也就沒有保護自己的生命的意識。這本身就是比較危險的。

孩子問：「媽媽，奶奶到哪裏去了？」

媽媽：「他到另一個美好的世界去了。」

大人經常這樣對孩子解釋死亡。也許只是大人的一種期望，也許只是想給孩子留個好印象，不讓孩子感到難過和恐懼。但是誰又想到了這樣解釋的不良後果？孩子很可能會因此而認定真的有那麼一個美好的世界，一旦他在現實裏遇到挫折，受到委屈，他就會產生到那個「美好的世界」去躲避的念頭。

波士頓兒童癌症專家沃爾夫勞倫斯博士說，父母和孩子討論死亡問題，能夠減輕孩子對於死亡的恐懼。換句話說，會讓孩子有充分的時間來作心理準備。對於他們來說，猜測比知道事實真相更可怕。由此看來，我們不僅要把死亡的事實和真相告訴給孩子，而且不能有絲毫的美化和隱瞞。當我們都把這當作一種自然現象的時候，就能夠坦然面對了。

談及死亡教育孩子

人們之所以對死有忌諱，是把它看成一件不好的事，一件神秘的事。其實坦然去面對，根本再正常不過。你完全可以告訴孩子：「爺爺死了。死了就是離開了這個世界，再也不會回來。每個人最終都會死亡的，這是一種正常的自然現象。」也許孩子並不能完全理解它的意思，但是至少他知道死了就是沒有了，而且是每個人都會有的。既然大家都有那麼一天，那麼也就沒什麼好稀奇和害怕的了。這個時候，在他對死亡有了一點認識的時候，別忘了加上一句：「所以我們現在要珍惜每一天的生活，要活得開心快樂。」把對死亡的認識轉化到對現實的關注上來，孩子會更懂得珍惜現實生活。也許他原來是個非常調皮搗蛋的孩子，但是從這以後，他就變得非常認真和懂事。

對於那些非正常死亡的現象，你也要讓孩子有清醒的認識。可以告訴他：「人的生命是很脆弱的，如果不好好保護，生命就會停止，就再也見不到親人，再也不能活在這個世界上了。」孩子也就知道了，有著生命是美好的，應該愛護和珍惜生命。他的心底有了這樣的意識，不但自己懂得保護自己，而且也會珍惜別人的生命。

教孩子學會愛別人

☹・您不應該說：不關我們的事！

☺・您應這樣說：我們去幫幫他吧！

☹・您不應該說：不用擔心你爸爸，你念好書就行了。

☺・您應這樣說：你爸爸身體不好，不要惹他生氣。

不能只給予愛，而不教孩子付出愛

愛孩子，是父母的天性。生活中，人們總覺得，被愛著、被無微不至地關懷著的人才是最幸福的，也是能夠懂得愛的。所以父母盡可能多地給孩子愛，而從沒有向孩子「索取」愛的意識。

事實上，父母給予愛，孩子未必就懂得珍惜。

父母為孩子辛苦操勞，供孩子上學念書，可是孩子一有什麼要求不能滿足，就大哭大鬧，跟父母賭氣；父母出於關心，嘮叨一點，他們就怪父母「囉嗦」；生活中，任性地要求滿足自己的願望，而根本不知道體諒父母的難處；父母生病了，他照樣玩自己的，更別說照顧父母了；已經能夠照顧自己的孩子，回到家，髒衣服一大堆，都扔給父母，卻連聲「謝謝」都不說……這樣的例子真是舉不勝舉。

先別說孩子如何不對，便是父母自己，也早就習以為常。做家長的總覺得為孩子付出是天經地義，總認為孩子能夠感受到自己的愛並會在他長大後予以回報。事實上，一個小時候只接受愛而一點都不知道付出愛的人，長大了是不懂得愛他人、愛社會的。父母如果不有意識地培養孩子的愛心，孩子將來十之八九會是個自私自利的人。

不要撲滅孩子心中愛的火花

有人說愛是一個口袋，往裏裝，產生的是滿足感，往外掏，產生的是成就感。的確，收穫愛和給予愛，都能帶給一個人快樂。一個人被愛、被關懷的時候，感覺的是來自於他人的溫暖；而在他給予愛的時候，他能夠感受到自己的價值，能夠從別人的快樂中獲得更大的快樂。小孩子被愛著的時候，總感到自己是個弱小者，是被保護的對象，可是一旦他覺得自己被別人所需要，他會發現自己原來也可以這麼重要。

父母應該給孩子創造更多愛人的機會。可是他們又是怎麼做的呢？

孩子在路邊看到一個可憐的老乞丐，產生了同情心，把自己手裏剛買的一個蛋糕給

了他。媽媽看到了，氣惱地說道：「你管人家幹什麼？」

看到有人摔倒了，孩子剛想去扶，媽媽一把拉住了他說：「關你什麼事啊？少逞能！」或者「別多事！」

孩子懂事了，知道關心父母了。看到媽媽下班回家很累的樣子，連忙給媽媽倒了一杯水，還給她捶背捶腿。而媽媽卻一點不領情：「去寫你的作業吧，別在我面前裝乖巧。多考幾個一百分比什麼都強！」

父母就是這樣一次次撲滅了孩子心中愛的火花。久而久之，孩子也就變得冷漠無情，根本不懂得關心別人，考慮他人的感受。對於父母，孩子也認為最好的回報就是取得好成績。

你果真的愛孩子，在生活中就應該適時地教育他關心他人，幫助他人，在別人有困難的時候伸出援助之手。有時可以故意製造一些讓孩子愛你的機會，有時表現得弱一點，激發孩子關心別人、保護別人的欲望，孩子也就慢慢懂得體諒父母了。

孩子有驕傲的傾向，不要打擊他

☹．您不應該說：你得意什麼勁啊，比你出色的人還有很多！

☺．您應這樣說：我很高興你表現出色，不過，我更希望……

對於驕傲的孩子，切忌挫他的銳氣

我們從小就被教導「虛心使人進步，驕傲使人落後」。為人父母者，當然會為孩子的出色而感到自豪，但是他們又不希望自己的孩子稍微有點成績就自高自大，不把別人放在眼裏。所以，有的家長覺出孩子有驕傲的苗頭，就說一些打擊的話，希望以此挫挫孩子的傲氣。

「才有點成績就翹尾巴了？山外有山，比你出色的人多的是呢！」

這樣的話是被家長用得最多的，我們可以來分析一下。「才有點成績就翹尾巴了？」這聽起來像是一種嘲諷。「山外有山」這句話一向被用來教導我們謙虛，但是它還有另外一個意思，就是說不論你怎麼努力，都有人比你出色。按照這個意思，如果一個人的成就是要跟別人比較來確定，你永遠都不會是最出色的。那再努力又有什麼意義？父母應該僅僅從孩子本身出發來教育他，而不是站在人與人互相比較的立場上。

孩子表現出色，他驕傲一點，並不是那麼嚴重的事，家長不必用這麼具有打擊性的話來傷他的心。自負的孩子一旦遇到打擊，往往跌得更痛，傷得更深。何況，孩子驕傲，也證明他對自己的能力有認識。這個時候，他的內心裏仍有繼續努力的熱情，如果不注意保護這種積極性，孩子很可能一蹶不振。

講出自己的期望，鼓舞孩子努力

孩子容易自卑或者自負，往往是因為他們很看重自己在別人心目中的形象。聽的讚美多了，便以為自己真的很了不起。可以說這種情況下的驕傲是一種不自覺的行為。

還有一種情況是，孩子有虛榮心，取得一點成績，就覺得很榮耀，覺得了不起。這種心理多半是受大人世界的影響。

所以，在你察覺到孩子有驕傲的傾向時，與其挫傷他的積極性，不如給他定一個更高的目標，讓他繼續努力。你完全可以對他說：「我為你這樣出色而感到高興，孩子。可是，我更期望你在其他方面也做得同樣好。」在欣賞孩子成績的同時，還說出自己的期望。孩子呢，他認為自己的努力得到了肯定，還讓父母報以了極大的期待，他的心思就不會只停在目前的成績上，而會在別的方面也積極努力。

父母還需要明白，孩子取得成績，是他的努力的回報，是他的能力的一種證明，但是無須與他人比較。一個人無論工作、學習，還是生活，都不是為了同他人比較的。所以，對自卑或者自負的孩子，不要借與別人比較來教育他。

有必要提到的是，父母應該給孩子做一個好榜樣。如果連父母自己都有強烈的虛榮心，才有一點成績就目中無人，那還指望他們教育出什麼樣的孩子？同時，父母最好不要在生活中給孩子灌輸狹隘的名利觀念，應該讓孩子做一個淡泊名利、清清爽爽的人。他自己也會過得快樂得多。

孩子老是忘帶東西時不要罵他

☹．您不應該說：你長不長記性啊？你到底有沒有腦子？媽媽幫你檢查看看……

☺．您應這樣說：認真想一想，東西帶齊了沒有？

好記性不是罵出來的

文文以前是個經常丟三落四的孩子。早上上學不是忘了帶這個，就是忘了帶那個。放學回家也經常不記得老師交代的作業。為此時常挨老師的批評。媽媽非常替他擔心，三番五次地責備，還是一點效果也沒有。後來有一天，文文照例又要上學的時候，媽媽叫住他問：「別急著走，檢查一下東西帶齊了沒有？」文文在書包裏翻了一遍，發現自己真的忘了帶今天要交的作業。「謝謝媽媽，我走了。」孩子準備出門，媽媽又交代了一句：「放學之前也要想好帶齊了東西沒有。」以後每天，媽媽都要提醒他是否帶齊了東西，並且讓孩子把該做的事情記在本子上。過了一段時間，不用媽媽再提醒，文文已會在出門前自動地檢查自己是否帶全了東西。他丟三落四的毛病也就慢慢好了。

這位母親的做法非常值得借鑒。好的記性確實是訓練出來，而不是罵出來的。

很多父母往往對孩子缺乏耐性，老是巴望什麼話自己只說一遍，孩子就記住了；什麼錯誤提醒一遍，孩子就再不犯了。這其實是不合情理的。畢竟孩子自己也並不是故意丟三落四的，他甚至也為自己老忘帶東西而著急，但是又實在沒辦法。可是有些媽媽一出口就是責罵的話：「你到底要我說多少遍？你沒有腦子嗎？」「你長不長記性啊？」罵得解氣，但對孩子有什麼好處呢？他就會因此而真的「長記性」了嗎？

重在提醒

孩子記性不好，老忘帶東西，有很多方面的原因。有些是跟天賦有關，但大多數是孩子是因為心思不集中，精力過於分散造成的，還有的是因為匆忙、緊張而導致。所以父母不要在提醒了孩子一兩次之後沒有成效就大為光火，罵孩子「不長記性」「沒腦子」。這不僅於事無補，反而可能讓孩子真的以為自己很笨，連一點小事都記不住。如果他對自己形成了這樣的誤解，讓他鍛鍊出好記性，大概就更難了。孩子一旦覺得自己「沒得救」了，就不願花心思去改進。

還有一種父母不是罵孩子，而是經常對孩子說：「沒有忘帶東西吧？讓我檢查看看……」然後主動替孩子檢查是否漏帶了什麼重要的東西。這麼做，只會讓孩子更依賴父母。他就會想：「不用擔心，反正有媽媽來幫我。」有了這種依賴心理，孩子就會變得很懶，既不願意動腦，也不願意動手。你還想讓他「長記性」？做夢吧！

做父母的，最重要的是提醒孩子，而不是替他把事做了。而有些時候，孩子是因為匆忙或者緊張的緣故才忘了帶東西，你只需提醒他一句，或者告訴他可以事先把重要的事寫在紙上，貼在顯眼的地方。孩子他也不喜歡自己老是健忘，所以，有好的辦法，他是會慢慢鍛鍊出好記性來的。

「不」字多用未必好

☹．您不應該說：不許動熱水瓶！

☺．您應這樣說：熱水瓶裏有開水，碰倒了它，會燙到你的。

☹．您不應該說：不許在牆上亂畫！

☺．您應這樣說：多麼好的畫呀，塗掉太可惜，以後別在廳裏的牆上畫，可以畫在圖畫薄裏。

非用「不」字不可嗎？

「不許失敗！」

「不許看電視！」

「不許亂動！」

「不許打架！」

「不許把那些破爛玩具帶回家！」

「不許頂嘴！」
「不許生氣！」
「不准失敗！」
「大人說話，小孩不許插嘴！」
「不，別打開！」
「不，別做這個！」
……
「不」、「不」、「不」，感覺就像是有個人拿著鞭子站在一邊監視著，這樣做也不行，那樣做也不行，簡直沒有個喘氣的機會。為什麼父母老是用這樣硬梆梆的口氣，而不能換成別的詞呢？難道在教育孩子的時候，這個「不」字真的如此萬能，非要用得這樣頻繁和普遍嗎？

我們來看兩個事例。

有一位母親有事要出去一趟，出門前她一再地叮囑孩子：「你要乖乖聽話！不許動廚房的熱水瓶！」可是，當她回到家的時候，發現水瓶打碎了，而孩子兩條腿都燙傷了，坐在廚房的地上直流眼淚。

亮亮是個快五歲的孩子，他在家裏最快樂的事就是拿著媽媽給他買的鉛筆在牆上亂畫。媽媽知道強行制止孩子是沒有用的，可是又不能任由他如此下去。為此真是傷透了腦筋。孩子的爸爸後來終於想到一個辦法。有一天，當孩子又在牆上亂畫的時候，他帶著讚許的口氣說：「兒子，你的畫很有意思，可是你不覺得應該把它畫到本子上，拿給別的小朋友看看嗎？」孩子一聽，非常高興，趕緊央求媽媽給他找了個本子。這之後，他就每天在本子上畫畫了。

孩子就是這樣，他們有時喜歡和大人唱反調，你越禁止的，他就越要做。這除了是孩子的天性，也是因為他好奇心重。他知道你禁止的事物一定有什麼「秘密」，而他不去找找看，是不會甘心的。所以，如果你真不希望孩子去做什麼事，最好是學學上面事例中的那位父親，用孩子可以接受的話語來表達「不許」的意思。具體怎麼操作，要就實際情況而定。相信父母是完全可以用其他的字眼來代替「不」字的。

可以不用「不」的時候盡量別用

分析一下父母說「不」時的心態，我們也許可以找到一點解決這個問題的方法。

像「不要碰熱水瓶」、「不要在水池邊玩」、「不要碰插頭」、「不要碰菜刀」……這一類的話，是為了保護孩子的人身安全，是對孩子的擔心，本來是一番好意，可是就因

為是用這麼簡單的一句話來警告孩子，沒有更明確的解釋或者說明，往往弄巧成拙，適得其反。不僅沒有保護到孩子，反而讓孩子受了傷害。所以，在你有這樣的考慮時，不如就直接把危險性告訴給孩子。比如，你怕他去廚房拿刀切東西，就乾脆跟他說：「廚房的刀很鋒利，要是割到你的手了，會流血的，還很疼哦。」孩子知道了事情的背後沒有秘密，知道會傷到自己，就不會去碰了。或者當孩子正在做某件你不想讓他做的事時，及時說「停止」而非「不」！

但是像「不許生氣」、「不許失敗」、「不許看電視」……這樣的話，就完全是家長的強制命令了，儘管父母有自己的理由，但是教育孩子不能一味強制命令。何況，就算是父母，也無權用命令的方式剝奪孩子的權利。這個時候，父母就要考慮先修正自己的態度了。因為你的包含著「不」字的命令句，並不一定就合情合理。比如「不許生氣」，孩子受委屈了，難道連發洩一下都不可以嗎？你的本意是希望他不要無理取鬧，可是這麼說出來，卻成了剝奪他的權利。這如何能起到教育孩子的作用？最好呢，是問明白孩子生氣的原因，再加以開導。

怎麼教育孩子，就看家長用心不用心了。如果期望用簡單的一個「不」字就教育出優秀的孩子來，是不可能的。

孩子的任務就只是讀書嗎？

☹·您不應該說：什麼都不用你做，你的任務就是讀書！

☺·您應這樣說：別老是讀書，學習重要，但也要多運動運動。

為了學習就讓孩子放棄其他一切？

孩子放學回家，看到媽媽在打掃，趕緊放下書包來幫忙。媽媽卻一把攔住他：「不要你來幫忙，你的任務就是好好讀書！」一副很替孩子著想的口氣。作為孩子，是否就該因此而對母親的「體諒」感激不盡呢？

學校早就在提倡學生要德、智、體、群、美全面發展，可是因為對於分數的過度重視，因為升學的壓力，學校和家庭都把注意力放到課業上，什麼品德、體育、美育、勞動技能、社交能力，都被省略掉了。事實上，現在的學校和家庭已經培養出了一批又一批的高分低能兒。難道我們還嫌這樣的「人才」不夠多嗎？難道我們還要繼續這樣下去嗎？

有時想到不過一年級的小學生，就要成天背著碩大的書包，辛苦地奔波於家和學校之間，還要經常做作業到深夜，真是覺得很心疼。多少的孩子沒有玩樂，沒有自己的愛好，沒有看電視的權利，沒有漫畫書、童話書，沒有快樂的童年。他們甚至想為辛勞的父母分擔家事，都招來一頓數落。

父母們可以想一下，讓孩子為了學習而做出這麼大的犧牲，目的是什麼呢？還不是期望他能學到知識，長大成才嗎？可是成才的道路何其多，為什麼非把孩子逼到一個獨木橋上？

孩子、再怎麼說也是一個人，他除了讀書，還有很多其他方面的需要，比如夥伴，比如愛好，比如玩耍。要是他的成長中缺少了這些東西，那麼即便他成績再好，也是個有缺陷的孩子。

父母如果能夠消除偏見和固執，就會發現學習和其他的東西並不矛盾。只要孩子能在學習的時間裏保證學習的效率和品質，那麼其他的時間就該留給他自己去支配。

應該讓孩子全面發展

在這個競爭越來越激烈的社會，想要拼出一番成績，不僅要有較高的知識水準，而且還要有健康的體魄，良好的品德修養，和諧的人際關係。而這些，並不是一朝一夕就可以具備的，必須從小就開始鍛鍊和培養。

孩子在學校主要是學文化知識，除此還有品格、身體素質、勞動能力等方面的培養，在家裏，主要是生活知識的積累、生活技能的訓練，還有興趣愛好的發展。這所有的能力綜合起來，才是孩子得以在社會上生存的基本力量。

再說，孩子的精力老放在學習上，他也會產生精神疲勞的，甚至因此厭惡學習。父母應該鼓勵孩子智識和勞動結合，當他要幫忙你做家務時，你不僅高興地接受，還要對他的主動表示稱讚。而當孩子努力讀書的同時，也不忘提醒他：「多運動運動。」

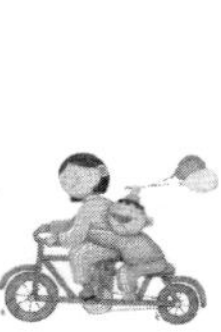

別要求孩子把事情一次做好

☹．您不應該說：我說過多少遍了，為什麼你還出錯？

☺．您應這樣說：要你一次做好，也許很困難，不過我希望你能盡力做好它。

我們對於孩子的要求是否太高了？

「我都說過多少遍了，你怎麼還記不住？」當孩子又去問母親，「晨曦」的「曦」字怎麼寫的時候，母親這樣生氣地說，因為他昨天問過兩遍。孩子見媽媽生氣了，立即說：「我這次一定記住。」

這位母親所謂的「多少遍」是幾遍？孩子不就問過兩次嗎？況且，這個「曦」字的確難寫，一個小孩子，對於結構複雜的字，不可能一兩次就寫會的。難道母親連這點都不能表示理解嗎？

家長們往往站在大人的角度，用大人的眼光和感覺來要求孩子，希望他們也跟自己一樣，什麼事情，說一遍就能夠理解並且牢記在心，或者示範一次就能學會去做。這樣的要求對於孩子來說實在是太高了。

有時，孩子有些不好的習慣，比如咬指甲，父母跟他說：「指甲很髒，有很多細菌，吃到肚子裏會生病的。」孩子當時記得，努力克制自己不要去咬。可是過了幾天，他又開始了，父母再說。如此反覆兩三次。最後家長實在不耐煩了：「我都跟你說過多少遍了，叫你不要咬指甲！」已經形成的習慣要改掉，有那麼容易嗎？肯定是需要一個過程的。父母怎麼能要求他幾天就改好？況且孩子的自制力沒有大人強，他也許需要更久的時間才能改得過來。其間還需要父母作一些必要的引導，讓他的手不至於長時間地閒著，這樣他就不會去咬了。

再比方，孩子讓爸爸給自己講解算術題。爸爸費了半天口舌給孩子講了一遍，孩子沒聽明白，於是爸爸又講一遍，但孩子仍然弄不清楚。爸爸實在沒有耐心了，把孩子的書一摔說：「你有這麼笨嗎？我講了這麼多遍，你怎麼還不懂？我懶得講了，你自己想吧！」是啊，用大人的思維來解小孩子的算術題，那是簡單得沒話說，可是孩子的理解力畢竟有限啊，家長怎麼可以這樣地沒有耐心和不負責任呢？肯定不是孩子笨，而是你講解得不好，他無法理解。

設身處地地為孩子想想，不要用大人的標準和要求來衡量孩子。他們做一件事情要反覆幾次才能做好，那是很正常的。而且這也說明孩子很有恆心和耐心，他一直堅持做這件事，雖然好多次都沒做好，但是仍不放棄。

在理解的原則上來教導孩子

父母首先要了解和理解孩子，這是教導孩子的前提。你了解了孩子的性情、習慣、能力，才能明白什麼事情他可以一次就做好，什麼事情需要一個長期的過程來完成。家長也可以「對症下藥」，而不至於讓孩子很冤枉地遭受一頓責罵。

比如孩子比較內向，而家長卻希望他在生人面前表現得大方一點，就必須給孩子時間去和別人接觸，他跟人交往多了，自然就能落落大方。如果你巴望他用幾天的時間就讓自己變得大方，那是不可能的。

父母在一開始要求孩子做什麼事的時候，就應該告訴他，要用心和努力。先提醒他，孩子也就知道你是很慎重地在交代一個要求，而不是隨便說說。或者也可以表達出你的期望，例如說：「我要你一次做好，也許很困難，不過我希望你能盡力做好它。」

「我已經說過多少遍了」這樣的話不要說出口，孩子很可能因為害怕變得畏手畏腳，不敢果斷地行動，反而做不好事情。

如何教導不善言辭或沉默寡言的孩子

☹．您不應該說：你顛三倒四地說什麼？就不能好好把話說清楚？

☺．您應這樣說：別急，慢慢說。

☹．您不應該說：你啞巴了嗎？為什麼一句話不說？

☺．您應這樣說：有什麼話想跟媽媽說說嗎？

孩子不善表達，父母有責任

「你就不能好好把話說清楚嗎？一會兒東，一會兒西，誰知道你在說什麼？」孩子在向媽媽說一件事情的時候，常常因為表達不清，而遭到這樣的責罵。其實他也希望把話說清楚啊，只是辭彙量太少了，思路有些亂，心裏想的，無法準確地表達出來。媽媽難道不覺得自己更有責任教導孩子把話說清楚，而不是空口責罵嗎？

教孩子說話、表達，本來應該是父母的義務，可是在有些父母看來，孩子就是自然而然學會說話的，哪需要教呢？實際上並非如此。如果父母從來不注意訓練孩子說話的能力，他有可能就變得不善表達或者沉默寡言。

有的孩子接受力和領悟力都比較弱，很晚才開始說話，而且剛說話時多半是口齒不清的。有時「我……我……」半天，還不能說一句完整的話。父母見到這種情景，心裏著急，忍不住地說道：「你怎麼這麼笨，這麼大了還說不清一句話！」孩子才萌發的一點表達的欲望這下全給嚇跑了。以後，他怕父母再責罵，會越發地謹慎，越發地不敢表達，這樣下去，語言表達能力當然無法提高。

還有的父母，一見孩子說話毫無頭緒，顛三倒四，就加以嘲笑譏諷，而不是耐心傾聽，慢慢糾正。次數多了，孩子乾脆就閉嘴不說了。因為他知道，他不開口，你就找不到嘲笑他的理由了。不管他內心裏多麼地想說話，甚至寧願跟自己的布娃娃說話，他也不願在你面前再說半個字。孩子的沉默寡言也許就是這麼開始的。

給孩子盡情說話的機會

孩子的思維經常是跳躍式的，想到什麼就說什麼，所以有時候他可能一句話裏說好多件事，表達好多個意思，或者自己胡亂把幾個意思糅合為一個意思。父母要耐心地聽他說完，如果你實在不明白他在說什麼，可以要求他再說一遍：「你說得太快了，媽媽沒聽清，能不能說慢點，一件事一件事地說？」你對他的話表現出了興趣，他是非常樂意再給你複述一遍的，甚至比第一次詳細得多。你在聽他說話時，留心他的表達方式，對於表達不準確的地方加以糾正。當然，要先聽完，再來糾正錯誤，不要隨便打斷他。

有的孩子說話斷斷續續，是因為他在邊說邊思考，因為表達能力有限，心裏想的東西他必須梳理一番才能找到合適的字眼來表達。這時也不要催他，而是應該耐心一點聽，並且對他說：「別急，想好了再說。」

有時孩子太急於告訴你一件什麼事，說話語速過快，甚至斷句都亂七八糟，讓別人聽了半天還不知道他到底在說什麼。這時更不要催他，或者罵他，因為你的責罵不但對他的表達能力有影響，而且還會打擊孩子的興致，以後他有什麼事，也不會讓你來分享了。你該做的，是緩解他的情緒：「慢慢說，不著急。」

除了保護孩子說話的欲望和表達的能力，父母還要在平時多鼓勵孩子說話，尋找一些有效的方式，誘導孩子說話，並且常跟孩子對話。

培養孩子的忍耐力

☹·您不應該說：摔疼了吧？真可憐！來，媽媽替你揉揉。

☺·您應這樣說：忍耐一下，一會就不疼了。

☹·您不應該說：你想要什麼媽媽買給你。

☺·您應這樣說：先忍耐幾天，等媽媽有空了，再去買。

有必要培養孩子的耐力

生活中，父母出於對孩子的愛，總是害怕讓孩子多吃一點苦。比如，和孩子出門去玩的時候，走得稍微久一點，孩子就說累了，走不動了。如果是小孩子，家長就會毫不猶豫地說：「來，我背你！」如果是大孩子，家長便說：「那我們去坐車吧，不走了。」怕孩子累著，這是父母的愛心使然，本意是好，結果卻未必真如父母所願啊。連走路你都要為孩子代勞嗎？哪怕他真的很累，你也沒必要把他的累加諸自己身上，更不要隨便就讓他「走捷徑」——累了就「繞道而行」，找個省力氣的方法。一個老是貪圖舒服、享受的孩子，將來長大了吃不得苦，也自然成不了大器。

還有的時候，孩子磕傷了，摔疼了，家長都心疼得不得了，覺得孩子受了天大的委屈似的。要知道，孩子被大人過分保護，他自我保護的能力就降低了。

不管是從生理還是心理上來說，家長如果不培養孩子的忍耐力，保護得過分，總希望孩子不受一點傷，那麼孩子在這兩方面的承受力都會很弱，一旦某天他受了傷，或者精神上受到打擊，就很可能無法承受下來。

現在的孩子生活在一個物質豐富的時代，那些讓人眼花繚亂的物品常常吸引著孩子的目光，誘惑著他們的欲望。他今天見到這個想要，明天見到那個也想要。有的父母特別寵孩子，只要他喜歡、就買，根本不管東西買下來，孩子會不會長久地珍惜。這不僅是一種物質的浪費，更會造成孩子欲望的無節制。有的父母雖然不是孩子要什麼就買什麼，但是一旦孩子說出「別人都有，就我沒有」的話來，也不好反駁，只有滿足孩子的要求了。實際上，所謂「別人都有」，往往是對流行、時尚的一種好奇和追逐，孩子僅僅是因為「別人都有」就想買，這樣的東西父母最好還是不要滿足他。家長在買東西這個方面，更應該培養孩子的忍耐力，讓他知道什麼叫得之不易，讓他知道珍惜的意義。

讓孩子受點「磨難」教育

中國有句老話：吃得苦中苦，方為人上人。這的確是一條至理名言。可是，現代的父母把孩子當成寶，生活的重心都圍繞著孩子轉，怕他們吃苦，怕他們受累。如果讀書也能代勞，大概父母也會把它攬過來。活在蜜罐裏的孩子，能夠經歷人生的風雨嗎？天下沒有白吃的午餐，沒有人能不勞而獲。讓孩子在小時候養成「不勞而獲」的觀念，那他將來走出家門，走到外面的世界去時，他要靠誰來「養」？

所謂的「磨難」教育，也不是故意要孩子吃很多苦，而是讓他在必須吃苦的時候，堅決不能投機取巧。比如他走路累了，你不要馬上就背著他走，或為他找輛車，可以給他一個期待：「很快就到了，再堅持一下。」當然，不能欺騙他，要保證你說的是事實，否則下次就不見效了。如果真的還有很遠的路，你就跟他說：「忍耐一下，我們再走一會兒，如果你實在走不動了，我們再坐車好嗎？」假如孩子只是偷懶，你也要裝做不知道，可以鼓勵他：「忍耐一會，堅持一會，媽媽知道你很能吃苦的。」總之，不能讓他產生一有困難就放棄或者尋求幫助的心理。

長期如此，孩子的忍耐力和意志力就慢慢鍛鍊出來了。遇到什麼問題，他有足夠的承受能力，也會主動自己去解決。

至於對物質的欲望，也要讓孩子學會忍耐和控制。孩子想要一樣東西的時候，你可以先問他為什麼想要，根據他的期待決定你是否滿足他的要求。也可以讓他先期待一陣子，如果過了好久他還是興趣不減，再買給他。這樣的心理「磨難」，會讓你的孩子懂得珍惜，而不是讓他成為一個貪婪而浪費的人。

不要欺騙孩子

☹．您不應該說：喝了生水，肚子裏會長蟲的。

☹．您應這樣說：生水裏有細菌，喝了會生病的。

☹．您不應該說：都怨這椅子絆倒了你，打它，打它。

☹．您應這樣說：沒事了，一會就好的。我們來做個遊戲好不好？

別向你的孩子傳遞錯誤的訊息

一個朋友有天在同事家玩，口渴了，便自己找水喝。倒了一杯水，剛要喝，就被同事把杯子搶過去了。這個朋友還以為是杯子不乾淨，沒想到同事卻說：「這是隔夜的水，喝了人會變啞巴的。」朋友問：「你聽誰說的，瞎說。」同事急了，說：「才不是瞎說，小時候，我奶奶就是這麼告訴我的。我從不喝隔夜的茶水。」

這事聽著有些荒唐，難以置信。但是在生活中，它的確存在著。這些毫無根據的說法就是長輩們教給孩子的，如果孩子不知道科學的解釋，他一輩子都可能把這些錯誤的訊息奉為真理。

「不要喝生水，喝了肚子裏會長蟲的。」

相信不少孩子都受過媽媽這樣的「教導」。別說，這一「教導」還挺管用的，孩子被嚇到了，當真再也不喝生水了。而且會一直把這一點牢牢記在心上。

對於父母來說，這樣管教孩子的確很省心。可是，對孩子究竟有什麼好處呢？哪怕他真的不去做不被允許的事，他所接受的訊息歸根結底還是錯誤的啊。我們絕對不能把一些愚昧的看法教給孩子，即便這種看法對孩子並沒有多大的危害。

出色的孩子是鍛鍊出來而不是哄出來的

生活中還有類似的現象：

孩子不小心從沙發上摔下來，哭了起來，母親見了，連忙把孩子抱在懷裏，一邊捶著沙發一邊安慰孩子：「都是這破沙發不好，媽媽打它，打它。好了，別哭了。」

這是家長慣用的哄孩子的手段，而且確實見效。但和前面的事例一樣，它並不是一種科學的教育方法。孩子在平時有磕磕碰碰，是再正常不過的事情。父母為了安慰孩子而把他的不小心推給本無生命的事物，這實際就是一種欺騙。它讓孩子無法意識到自己的過失，久而久之，也會讓他養成一有過錯就把責任推給別人的習慣。

孩子在這樣的教育方式下，很容易學得「乖巧」。那麼以後只要稍微有個小磕小碰，都要裝作受了重傷似的，非要等到父母來哄才肯罷休。甚至學會察言觀色，以此手段來獲得父母的寵愛。

大人們必須明白，出色的孩子是在生活中磨礪出來，而不是靠向父母撒嬌被寵出來的。孩子摔倒了或者磕傷了，父母在身邊，他就會表現出受了極大委屈的樣子，以此博得父母的愛憐。但是，如果身邊並沒有大人，他也許根本就不會把這個當回事，忍忍就過去了。明白地說，就是一種依賴心理。孩子越有這種心理，大人就越不要滿足他。一點小挫折和創傷都經受不了，以後如何在生活中歷練呢？

遇到這種情況，最好的方法是替孩子揉揉他磕到的地方，然後說點別的來轉移他的注意力：「沒事了，一會就好的。我們來做個遊戲好不好？」或者「來，媽媽帶你去個好玩的地方。」小孩子有時是很健忘的，尤其是當他被新的事物吸引時，很快就會忘掉剛剛發生的事，哪怕是傷痛。

不要欺騙你的孩子

還有一點，也需要提出來告誡各位父母。

生活中，很多家長為了省事，常常拿謊話欺騙孩子。比如，不想帶孩子出去玩，就說自己有重要的事要辦；明明是忘了給孩子買已許諾的禮物，卻說事情太多，沒有時間買；為了止住孩子哭泣，就拿一些沒有根據的話來嚇唬孩子。

謊話說多了，定有露餡的時候。讓孩子知道了事實的真相，他會對自己的父母多麼失望，他的心裏又會多麼難過和氣憤？難保他不會「以牙還牙」，也用謊話來欺騙父母。

做個不罵孩子的媽媽／席新編著. -- 一版. --
臺北市：大地, 2007.12
面：　公分. --（教育叢書：13）
ISBN 978-986-7480-84-2（平裝）

1. 親職教育　2. 親子溝通　3. 兒童心理學

528.21　96022515

做個不罵孩子的媽媽

教育叢書 013

作　　者	席　新
創 辦 人	姚宜瑛
發 行 人	吳錫清
主　　編	陳玟玟
出 版 者	大地出版社
社　　址	114台北市內湖區瑞光路358巷38弄36號4樓之2
劃撥帳號	50031946（戶名　大地出版社有限公司）
電　　話	02-26277749
傳　　眞	02-26270895
E-mail	vastplai@ms45.hinet.net
網　　址	www.vasplain.com.tw
美術設計	普林特斯資訊股份有限公司
印 刷 者	普林特斯資訊股份有限公司
一版二刷	2010年5月

大地

定　　價：250元

版權所有・翻印必究　Printed in Taiwan